12星座で「いちばん才能に恵まれる」

水瓶座男子の取扱説明書

監修
來夢
アストロロジャー

櫻井秀勲

著
早稲田運命学研究会

きずな出版

はじめに なぜか気になる水瓶座男子の秘密

「フレンドリー、だけど独特の雰囲気を持っている」

水瓶座男子のことをよく知る人たちは、そんなふうに思っているでしょう。

そして、ときどき、

「彼が何を考えているのかよくわからない」

と感じてしまうこともあります。

彼はいつも冷静で感情を表に出しません。だからといって「冷たい」「怖い」というようなイメージはありません。

誰にでも好奇心を持って、平等に対等に接する彼は、友達からも好かれます。

いろいろなことを知っている彼の話は、多岐《たき》にわたって、思いもかけない方向へと広がっていきます。

新しい情報を仕入れて、自分なりに整理して話をすることもできるので、勉強になります。

初対面でも、つい話に引き込まれてしまうのは、彼自身に魅力があるということもありますが、水瓶座の先見性と博学ぶりによるところが多いでしょう。

ところで、星座には、牡羊座から魚座まで12の星座があって、それぞれの傾向というものがありますが、水瓶座の男性を一つの型にはめるのは難しいかもしれません。

前に挙げただけでも、「フレンドリー」「冷静」「好奇心がある」「誰にも平等」「先見性がある」「博学」というように、いくつもの才能がありますが、それだけでは表現しきれないほど、さまざまな面を持っています。

「水瓶」とは、水を入れる瓶ですが、「瓶」は「かめ」とも「びん」とも読めます。簡単にいえば、容《い》れ物のことです。

瓶には、口の小さなものもあれば広いものもあります。深さのあるものもあれば、浅いものもあります。「水瓶」といっても、その大きさ、形はさまざまです。

人にも「器」がありますが、水瓶座の人の器は、その瓶の形によって違ってきます。大きい人もいれば、小さい人もいる。深い人もいれば、浅い人もいる。水瓶座の人を一つの型にはめるのが難しいというのは、そういうわけです。

また、水瓶座は自由な精神を持っていたい星座です。

常識や決められた価値観に縛《しば》られず、空間や時間にも制限されない生き方を楽しむ星座です。

新しいものや変化を恐れず、受け入れることのできる知恵があります。

自分が得た知識のなかから新しいものを生み出したり、オリジナルなものをつくり出すようなヒラメキがあります。

その独創性あふれる頭の使い方が、本書のタイトルを、『12星座で「いちばん才能に恵まれる」水瓶座男子の取扱説明書』とした所以《ゆえん》です。

そんな水瓶座男子に愛されやすいのは、何座の女性でしょうか。二人の関係が発展、持続していくには、どんなことに気をつけていったらいいでしょうか。

恋愛関係にかぎりません。たとえば水瓶座の男性が家族であったり、同じ学校や職場、取引先にいたら、あなたにとって彼は、どんな存在でしょうか。

私はアストロロジャーとして、星の教えを学び、それを私とご縁のある方たちにお伝えしてきました。本書は、そんな私が自信を持ってお届けする一冊です。

この本は私の専門である西洋占星学だけでなく、もう一人の監修者であり、早稲田運命学研究会を主宰されている櫻井秀勲先生の専門である性差心理学の視点から、男性と女性の考え方の差についても考慮して、「水瓶座男子」の基本的な価値観や資質、行動の傾向が書かれています。

「水瓶座男子」の傾向と対策を知ることで、彼に対する理解が、これまで以上に深まるでしょう。

また、それによって、あなた自身の価値観を広げ、コミュニケーションに役立てることができます。

私たちは、誰も一人では生きていけません。自分は一人ぼっちだという人でも、本当は、そんなことはありません。

「人」という字が、支え合っている形をしていることからもわかるように、男性でも女性でも、必ず誰かとつながっています。

誰かとつながっていきながら、幸せを模索していくのです。

「おはよう」の挨拶に始まり、「さようなら」「おやすみなさい」で一日が終わるまで、日常的な会話を交わす人、ただ見かける人など、その数をかぞえれば意外と毎日、いろいろな人に出会っていることがわかるでしょう。

私たちは平均すると、一生のうちに10万人と挨拶を交わすそうです。

長いつき合いになる人もいれば、通りすぎていくだけの人もいます。

とても仲よしの人、自然とわかり合える人など、優しい気持ちでつき合うことができたり、一緒の時間をゆったり過ごせる人も大勢います。

相手のプライベートなことも、自分の正確な気持ちもわからないけど、なんだか気になる、なぜか考えてしまう人もいることでしょう。

誰からも嫌われているという人はいません。それと同じで、誰からも好かれるということも、残念ながらありません。

気の合う人もいれば、合わない人もいる。それが人間関係です。

でも、「この人には好かれたい」「いい関係を築きたい」という人がいるなら、そうなるように努力することはできます。それこそが人生です。

そして、そうするための知恵と情報の一つが、西洋占星学です。

「この人は、どんな人か」と考えたときに、その人の星座だけを見て決めつけるのは、乱暴です。

「水瓶座」は一つの型にはめにくいと書きましたが、それでも、水瓶座らしい傾向というものがあります。それを挙げて、いい悪いを決めるものでもありません。

また、ここでいう「水瓶座男子」というのは、「太陽星座が水瓶座」の男性のことですが、西洋占星学は、その人の傾向をホロスコープで見ていきます。

本文でも詳しく説明していきますが、ホロスコープには、「太陽」「月」「水星」「金星」「火星」「木星」「土星」「天王星」「海王星」「冥王星」の10の天体の位置が描かれます。生まれたときに太陽が水瓶座にあった人が「水瓶座」になりますが、太陽星座が水瓶座でも、月の位置を示す「月星座」がどこにあるかによって、その人らしさは違って見えます。

「私の彼は水瓶座だけど、フレンドリーとはいえない」というような場合には、月星座の影響が強く出ている可能性があります。逆にいえば、月星座が水瓶座の場合には、太陽星座が水瓶座でなくても、水瓶座らしさが強く出る人もいます。

この本では、「水瓶座男子の取扱説明書」としていますが、月星座が水瓶座だという男性にも、当てはまるところが多いでしょう。とくに、恋愛関係やパートナーとしてのつき合いにおいては、太陽星座よりも月星座の面が強く出ることもあります。

本書は、「水瓶座は○○な人だ」と決めつけるものではなく、その星の人が持ちやすい本能ともいえるような特徴などを理解して、よりよい絆《きずな》を築くことを目的として出版するものです。

あなたの大切な人である「水瓶座男子」のことをもっと知って、いい関係をつくっていきましょう。

アストロロジャー
來　夢

安全上のご注意

水瓶座男子と、よりよい関係をつくるために

・『水瓶座男子の取扱説明書』は水瓶座男子の基本的な考え方、行動パターンなどを知って、よりよい関係性を築くことを目的としております。水瓶座を含め、すべての星座の男子に対して、理解と優しさを持って、つき合っていくようにしましょう。

・水瓶座男子及び他のどの星座であっても、最初から決めつけたり、相手の存在や気持ちを無視するような行為はやめましょう。

・水瓶座男子もあなたと同じ感情や思考を持つ人間です。
意見が合わないとか、気持ちのすれ違いなど、あなたの価値観とは多少の不具合が生

じるかもしれません。可能なかぎり広い気持ちで接することを心がけましょう。

・自分が水瓶座男子の場合
この本の内容のような印象で、周囲はあなたのことを見ている可能性があります。あなたにとっては、思ってもみないこともあるかもしれませんが、あくまでも傾向の一つとして自分自身を振り返っていただければ幸いです。

身近な人たちからの指摘で納得できること、自分で気になる点などがありましたら、改善をご検討ください。

すでに何かの部分で不具合などが生じている場合は、この本の注意点を参考に、あなたの言動の見直しにお役立てください。

★目次

2 Basic Style
水瓶座男子の基本

5 水瓶座男子との相性
Compatibility

6 Relationship

水瓶座男子とのつき合い方

12星座で「いちばん才能に恵まれる」水瓶座男子の取扱説明書

執筆協力＝Julia☆

1

Start Up

西洋占星学と12星座について

12星座の始まり

西洋占星学は紀元前から続いてきた

この『12星座で「いちばん才能に恵まれる」水瓶座男子の取扱説明書』は、西洋占星学の12星座の水瓶座の研究をもとにしています。

西洋占星学のなかの12星座ですが、日本では1950年頃から研究が一挙に進み、現在多くの優秀な占星術師により、もっとも信頼のおける占術《せんじゅつ》となっています。

早稲田運命学研究会会長の櫻井秀勲は1960年頃、「女性自身」の編集部に配属になったことで、恐らく日本初の西洋占星学のページをつくっています。

それ以後12星座占いは、しだいにポピュラーなものになっていき、女性で自分の星座名や性格、特徴を知らないという人はいないといってもいいほどです。

この12星座のもとになった西洋占星学は、はるか昔、紀元前の頃から始まっています。

始まりについてはさまざまな説がありますが、世界最古の文明である紀元前5000〜3000年頃のメソポタミアの時代に生まれたという説もあります。

ここで重要なことは「文明が興ると占いも起こる」という点です。

これは中国でも同じで、人間は占いなしでは生きられないのです。いや、日本でも武将や貴族たちは、占いを日常的に活用することで、人間の和を保ってきました。

そのようにはるか昔からの長い歴史のなかで、星の動きと自然現象、人間の運命などと結びつけ、細かい情報や研究が受け継がれて、いまのような形になりました。

それだけに、この占いは正確です。

遊び半分の気持ちで読むのは、もったいない。あなた自身の一生を決めるかもしれない情報と知識が盛り込まれている、と思って参考にしてください。

ホロスコープと星の読み方

この地球に生まれた瞬間の星の位置を知る

西洋占星学は、12星座だけでなく、いろいろな情報をあわせて読んでいきます。

・12星座
・10の天体（惑星）
・12に区切られた室（ハウス）

と、最低でもこれらの星と、その星の位置と角度の情報を、一つの円のなかに描いたものがホロスコープ（天体図）といわれるものです。

このホロスコープを読み解くことで、その人の生まれもった資質と運命を知ることができるのです。

ホロスコープ（天体図）には、その人の生まれた日にちと時間、場所による星の配

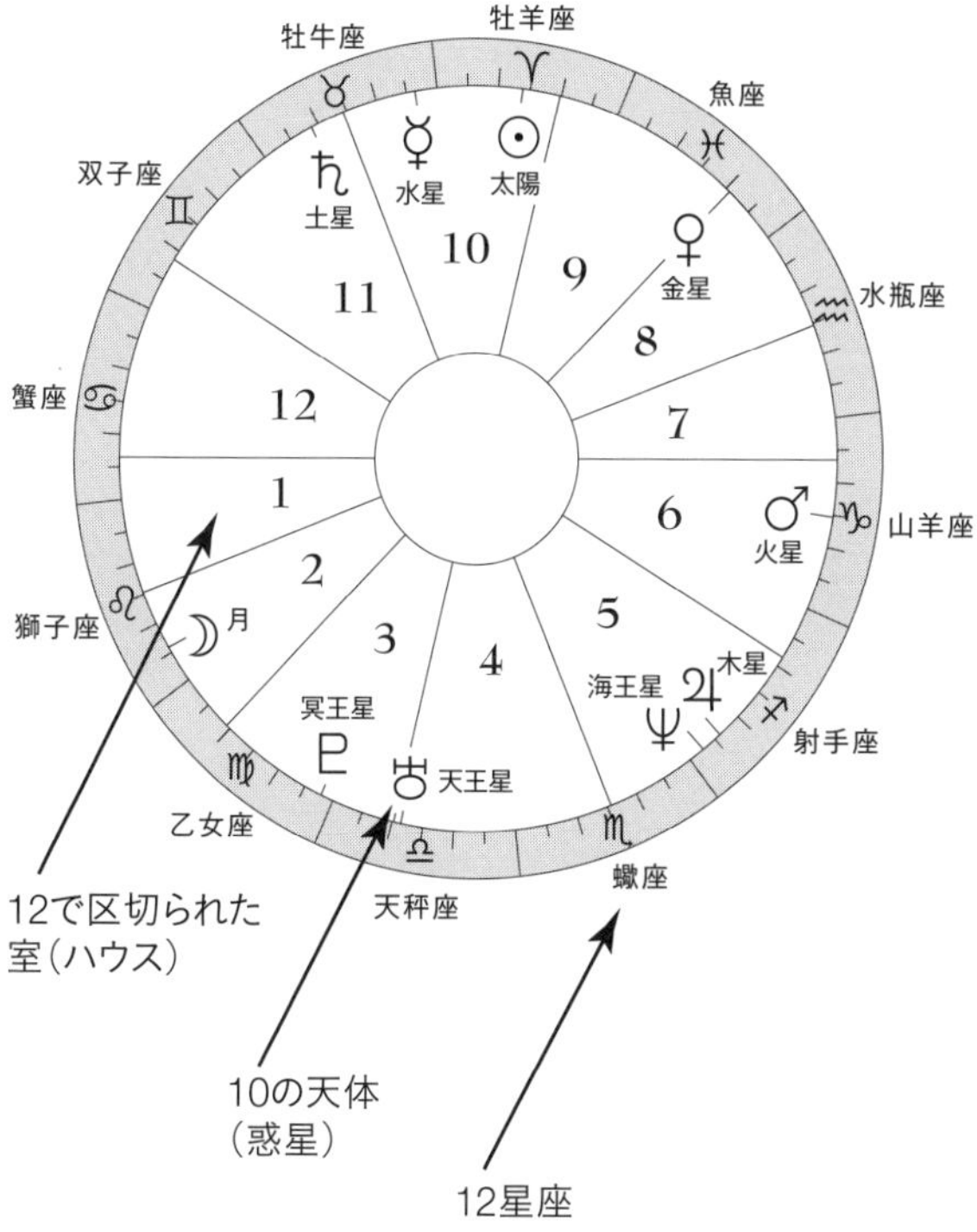

◉ホロスコープ（天体図）の基本

・いちばん外側が12星座
・その内側が10の天体（惑星）
・円の内側の数字は12に区切られた室（ハウス）

置が描かれます。それは同時に、あなたがこの地球に生まれた瞬間の宇宙の星たちの位置を知ることになります。

あなたがこの地球で生きていくために、持って生まれた才能、起こりうる未来の可能性などを記された人生の地図として活用できます。

かつてイギリスとフランスの王宮には、その国のもっともすぐれた占星術師（アストロロジャー）が召し抱えられていました。いや、いまでもいるという話もあります。それこそ、世界の崩壊を予言したノストラダムスや20世紀最高の占い師とされた天才キロも、最初は王宮で認められたのです。

これらの占星術師は国に王子、王女が生まれると、王から命じられて、秘かにその方々の一生の天体図をつくり上げ、それには亡くなる年齢と時期まで書かれていた、といわれています。

それほど当たるということです。

この人生のホロスコープを上手に読んでいくと、たとえば自分の苦手とすることや好きなこと、得意なこともわかります。

自分の好きなことや得意なことがわかると、自信を持って才能をのばしていくこともできます。

また、苦手なことや不得意なことと、どうつき合っていくのかを考える一助になります。あなたの人生において、それらを克服する必要があるのか否かを見極めるのです。必要であれば、挑戦したり、そうでなければ、あえてスルーするという選択もあります。

この本では水瓶座男子とつき合っている、あるいはつき合うかもしれないあなたを中心に、参考になる情報を提供していきましょう。

守護星となる10の天体（惑星）

これから起こる人生のテーマを教えてくれる

10個の天体（惑星）とは、次の通りです。

ここで大事なのは、占星学では太陽も月も惑星と見なしているということです。

天体（惑星）	記号	意味
太陽	☉	活力・強固な意志・自我・基本的な性格
月	☽	感受性・潜在意識・感情の反応パターン
水星	☿	知性の働かせ方・コミュニケーション能力
金星	♀	愛・美・嗜好・楽しみ方
火星	♂	勇気・情熱・開拓・意志と行動の傾向

木 星	♃	発展・拡大・幸せ・成功
土 星	♄	制限・忍耐・勤勉
天王星	♅	自由と改革・独創性
海王星	♆	直感力・奉仕
冥王星	♇	死と再生・洞察力・秘密

この10個の天体（惑星）はすべての人のホロスコープにあり、その人の持つ人格や個性のエネルギーを表します。

それぞれの天体（惑星）は、おのおのが違う速度で移動しています。そのために、その天体（惑星）の位置は移動していき、星座は変わっていくというわけです。

たとえば、太陽は水瓶座の位置にあっても、月は魚座、水星は牡羊座というように、「10個それぞれが違う星座の人」もいれば、「2個は同じ星座だけど残りの8個は違う」という人もいます。

一人の人でもいろいろな星座の要素を持っていて、それがその人の「個性」となっていきます。

ホロスコープは、その人の生まれた年月日と時間と場所の情報でつくります。その人が生まれた、その瞬間の星の位置を表しますが、実際にこの10個の天体（惑星）は宇宙に存在して、つねに動いています。いまも動き、進んでいるのです。

生まれた瞬間の天体（惑星）と、いま現在の天体（惑星）の位置関係、そしてこれからも進み続ける天体（惑星）の位置関係を読むことで、その人に与えられたテーマを知ることができます。

10個の天体（惑星）の動きは、計算によって割り出され、いまでは書籍やインターネットなどで、いまこの瞬間の位置さえも簡単に知ることができます。

この10個の天体（惑星）の動き（位置）がわかると、あなたにこれから起きるテーマまでわかってしまいます。たとえば結婚などの人生の転機や、仕事での成果が得られるタイミングなども予測することができます。

けれども、それは予言ではありません。占星学は情報の一つ。それをどう活かすかは、その情報を受けとった人次第です。

たとえば結婚するのにいいタイミングが来ていたとしたら、あなたはどうするでしょうか。

いまの彼との関係を、これまで以上に真剣に考え、お互いの気持ちを確かめることができれば、星の応援を得て、一気に結婚が決まるかもしれません。

「いまの彼との結婚はない」「いまは結婚したいと思う相手がいない」という場合には、新たな出会いを求めて、婚活に力を入れてみることも、もう一つの選択です。

「いまは結婚したくない」と考えて、結婚は「次のタイミング」を待つことにするという選択もあります。

いずれにしても、選択権はその人自身にあるということです。

そして、選択したら、それに向かって努力すること。それなしに、人生を拓《ひら》いていくことはできません。

仕事においても同じことがいえます。「うまくいく時期」「成功しやすい時期」を予測することはできますが、ただその時期をボーッと待つだけでは、たとえそのタイミングが来ても、思ったような展開は望めないでしょう。

成果の出るタイミングが、たとえば2年後だとわかれば、この2年間で何をするのか、ということが重要になります。

この本では水瓶座の個性について著《あらわ》していますが、今後あなたが自分のホロスコープを見る機会があるときは、あなたの未来のテーマとタイミングも、ぜひあわせて見てください。そしてそのタイミングの機会を逃さずキャッチすることで、これからの計画や、実際に行動を起こすことが変わります。

自分の個性を活かしながら、未来のタイミングをつかんで、自分の人生を輝かせていきましょう。

生きる意思や基礎になる太陽星座

水瓶座男子は常識にとらわれない知性を持つ

テレビや雑誌などでよく知られている12星座占いは、「○月○日生まれは○○座」というように、生まれた日にちで星座がわかるように表しています。

本来、西洋占星学は、生まれた日にちだけの星座だけでなく、10天体（惑星）を総合的に読みますが、そのなかでも、生まれた月日の星座は、生きる意思や基本となる資質などを表すため、とてもわかりやすくその人の特徴を知ることができます。

生まれた月日で見る星座は太陽の位置を示していることから、「太陽星座」ともいわれます。

この太陽星座は、その人がどのようにして、この社会で生きていくか、どのような生き方をするかという、その人の社会的人生の基礎となる部分であり、基本となる性格を表しています。

たとえば、生まれた場所や環境は違っても、水瓶座生まれの男性は、常識にとらわれない知性を持っているという共通点があります。変化や新しいことを恐れず、つねに公平と平等を考える優《すぐ》れた知恵があります。

生まれた地域や家庭環境、出会う人や関わる人の違いがあるにもかかわらず、同じ星座の人は同じような言動になりがちです。

太陽星座というだけあって、太陽のまぶしい輝きのように、その人はその星座らしくあるときがいちばん輝き、その人らしくいられるのです。

太陽星座は次のように分類されています。

【12の星座】（日にちは二十四節気の中気を目安に、生まれた年によってずれる場合があります）
牡羊座――3月21日（春分）～4月20日生まれ
牡牛座――4月21日（穀雨《こくう》）～5月21日生まれ

双子座――5月22日（小満《しょうまん》）～6月21日生まれ
蟹　座――6月22日（夏至《げし》）～7月22日生まれ
獅子座――7月23日（大暑《たいしょ》）～8月22日生まれ
乙女座――8月23日（処暑《しょしょ》）～9月23日生まれ
天秤座――9月24日（秋分）～10月23日生まれ
蠍　座――10月24日（霜降《そうこう》）～11月22日生まれ
射手座――11月23日（小雪《しょうせつ》）～12月21日生まれ
山羊座――12月22日（冬至《とうじ》）～1月20日生まれ
水瓶座――1月21日（大寒《だいかん》）～2月18日生まれ
魚　座――2月19日（雨水《うすい》）～3月20日生まれ

※（　）内が二十四節気の「中気」となります。

感情のパターンを表す月星座

同じ水瓶座男子でも印象が少しずつ違う理由

太陽は昼間を明るく照らし、月は夜の暗闇の静かな時間に輝きます。

昼と夜があって一日となるように、一人の人間も、表に見せている部分だけがすべてではありません。月にあたる「陰の部分」もあわせ持っています。

陰というと、暗く、悪い面のような印象を持たれるかもしれませんが、そうではありません。ふだんは見せない、隠れている面といったほうがいいでしょうか。それがあるからこそ、その人の人生に豊かさや広がりが出てくるのです。

その人の特徴を表す星として太陽星座が大きな影響を与えていることは、これまでに書いた通りですが、太陽星座の次に、無視できないのが「月星座」です。

太陽星座が社会での行動や基本になる人生の表の顔としたら、月星座は、その人の潜在的な心の動きを表す「もう一つの顔」になります。

月星座は、その人が生まれたときに、月がどの位置にあったかで決まります。

月星座が表すものは、その人の感受性や感情のパターンです。

太陽が生きる意思であり、社会的な生き方である反面、月は感受性や感情という、その人の見えない、隠れた部分となります。

「感情」は、日常のなかで誰もが持つものです。

喜び、悲しみ、怒り、あきらめ、驚き、嫌悪《けんお》など、一日のなかでもさまざまに感情が動いていくでしょう。

でも感じたことは言葉にしないかぎり心にしまわれて、表に出ることはありません。

それだけ外には見せない「本音の自分」であるともいえます。

その感情の持ち方にも12星座の特徴がそれぞれ当てはめられており、感じ方がその月星座特有の性質となります。

たとえば、太陽星座が水瓶座でも、感情の月星座は違う星座という場合もあるのです。そのケースのほうが多いでしょう。社会的には理性的な人に見えても、内面は感情的、という人もいることになります。

月は10個の天体（惑星）のなかでもっとも動きの速い星です。約2.5日で次の星座へ移動します。夜空の月を見てもわかるように、日に日に形を変えて移動していきます。ところで生まれた日の月の形がホロスコープを見るだけでもわかります。

たとえば、生まれた日の太陽（☉）と月（☽）の位置がほぼ重なっていたら、新月生まれとなります。つまり、太陽星座も月星座も水瓶座だという人は、新月に生まれた人です。

また、生まれた日の太陽（☉）と生まれた時間の月（☽）の位置が真反対の１８０度の位置の場合、つまり太陽星座が水瓶座で月星座が獅子座の人は満月生まれとなります。これについては『月のリズム』（來夢著、きずな出版刊）に詳しく書かれています。

1ヵ月のあいだでも、月は日々刻々と、位置と形を変えて動いています。

それだけ月は動きが速いので、太陽星座が同じ水瓶座生まれでも、生まれた日によって月星座は変わります。

太陽星座と月星座が同じ水瓶座の場合は、生きる意思と感情が同じ星座なので、迷うことなく水瓶座らしい生き方と感じ方ができます。

反対に太陽星座が水瓶座で月星座が獅子座だという人は、二つの異なる星座の要素が一人のなかに存在しています。水瓶座らしい面がある一方で、その人の内面では生きる意思とは違う星座の性質も心に表れてくるので、葛藤や迷いが生まれます。

この葛藤や迷いは、その人だけが感じることであり、周囲の人にはわかりにくいものです。

「月星座」はインターネットで調べることができます。

調べるときは、生まれた月日だけでなく、生まれた時間がわかると、より正確な情報が得られます。月は動きが速いので、少しの時間の差で月星座が違う星座となる場合があるのです。

でもどうしても時間がわからない場合には、生まれた日にちの正午として調べることが通例となっていますので安心してください。

次に月星座の性格と特徴をあげてみましょう。

【月星座の性格と特徴】
牡羊座：目標に向かって積極的に突き進むことができる。熱いハートの持ち主。
牡牛座：温厚でマイペース。こだわりが強い。納得がいかないことには頑固。
双子座：好奇心が強く、言語や情報を扱うことを好む。気まぐれで二面性を持つ。
蟹　座：愛情が深く、世話好き。感情の浮き沈みが激しく、仲間意識が強い。
獅子座：明るく陽気で、想像力豊か。自信家でプライドが高い。
乙女座：繊細で清潔好き。分析力が高く、几帳面。他者への批判精神もある。

天秤座：調和と品格を重んじる。対人関係においてもバランス感覚抜群。
蠍　座：隠しごとや秘密が得意。嫉妬心や執着心が強く、真面目でおとなしい。
射手座：精神的成長や探求を好み、自由を愛する。移り気で飽きっぽい。
山羊座：管理能力と忍耐力がある。出世欲を持ち、堅実的な計算能力が高い。
水瓶座：独創的で、楽天的。多くの人やグループとのつながりや交流が持てる。恋愛についても既成概念にとらわれない関係を求める。
魚　座：感受性が豊かで優しさにあふれ、涙もろい。自己犠牲的な愛情の持ち主。

彼の月星座は何ですか？

太陽星座の水瓶座と月星座の関係

水瓶座の基本となる性格に、月星座が加わることで同じ水瓶座でも、感情の部分の違いが出ます。月星座を組み合わせることで裏の顔がわかるということです。

太陽星座が水瓶座の男子を、月星座別の組み合わせで、その特徴を見てみましょう。水瓶座の基本的な性格から見れば思いがけない彼の一面のナゾも、これによって納得できるかもしれません。この特徴は男子だけでなく、水瓶座女子にも当てはまります。

【太陽星座が水瓶座×月星座男子の特徴】

水瓶座×牡羊座：信じたことを貫き、我が道を突っ走る。斬新《ざんしん》で独立心旺盛。

水瓶座×牡牛座：頑固で自分の世界を持ち、周囲を気にせず感情論が苦手。

水瓶座×双子座：頭がよく、器用で人懐《なつ》っこい。おしゃべり上手で話し好き。
水瓶座×蟹　座：冷静で思いやりがあり親切。家族思いで甘えん坊なところも。
水瓶座×獅子座：豊かな創造力と独創性を持つ。リーダー気質で面倒見がよい。
水瓶座×乙女座：繊細で綿密。こだわりが多い完璧主義。効率を優先する。
水瓶座×天秤座：センスがよく、アヴァンギャルド。気配り上手で社交的。
水瓶座×蠍　座：粘り強く探究心がある。人に対する興味が深く、広い交友関係。
水瓶座×射手座：自由で陽気。精神的にもタフで学ぶことや経験することを好む。
水瓶座×山羊座：論理的な考えと発想が豊かで先見の明がある。努力家で現実的。
水瓶座×水瓶座：公平で、博愛の精神で人と接する。風変わりな価値観を持つ。
親密で深く心を通わせるつき合いが苦手。頑固になりがち。
水瓶座×魚　座：優しく、誰とでも仲良くできる。神秘的なことへの関心が高い。

星のパワーを発揮する10天体の関係

12星座は守護星に支配されている

12星座にはそれぞれ10の天体が守護星となっています。

この守護星は「支配星」や「ルーラー」とも呼ばれており、12星座の基本的な特徴に、10の天体の表す性質が影響を及ぼしています。

長い歴史のなかでも、占星学の初期の頃は太陽・月・水星・金星・火星・木星・土星という7つの星が守護星だと考えられていましたが、その後、天王星・海王星・冥王星が発見され、占星学のなかに組み込まれました。

次頁の表では二つの守護星を持つ星座がありますが、（　）は天王星発見前の7つの天体の時代に当てはめられていたもので、天王星発見後も「副守護星」として取り入れられています。

◉12星座と10天体(惑星)

12星座	守護星:天体(惑星)	守護星が表すもの
牡羊座	火 星	勇気・情熱・開拓・意志と行動の傾向
牡牛座	金 星	愛・美・嗜好・楽しみ方
双子座	水 星	知性の働かせ方・コミュニケーション能力
蟹　座	月	感受性・潜在意識・感情の反応パターン
獅子座	太 陽	活力・強固な意思・自我・基本的な性格
乙女座	水 星	知性の働かせ方・コミュニケーション能力
天秤座	金 星	愛・美・嗜好・楽しみ方
蠍　座	冥王星	死と再生・洞察力・秘密
	(火星)	勇気・情熱・開拓・意志と行動の傾向
射手座	木 星	発展・拡大・幸せ・成功
山羊座	土 星	制限・忍耐・勤勉
水瓶座	天王星	自由と改革・独創性
	(土星)	制限・忍耐・勤勉
魚　座	海王星	直感力・奉仕
	(木星)	発展・拡大・幸せ・成功

そのため、蠍座・水瓶座・魚座が、二つの守護星を持っているわけです。守護星のそれぞれの特徴は、前頁の表のように12星座に強く影響します。

水瓶座の守護星は、天王星と副守護星の土星で二つになります。

天王星（Ｕｒａｎｕｓ・ウラヌス）は、ギリシャ神話のウーラノスが由来とされています。ウーラノスは天空の神とされ、自由に空を駆けめぐることができます。そのため自由な思想と、変化を恐れない心を持っています。

また天王星が発見される前までは、土星を守護星に持っていたということもあり、忍耐や勤勉というエネルギーも持っています。感情や状況に左右されず、自分の仕事や成長に対して忠実であるという特徴があります。

2

Basic Style

水瓶座男子の基本

水瓶座男子の特徴

公平に論理的に判断できる

ではいよいよ、水瓶座男子の性格の特徴を調べていきましょう。

西洋占星学では、春分の日（3月21日頃）を1年の始まりの日としています。春分の日から始まる12星座のなかで、水瓶座は牡羊座から数えて11番目の星座です。

西洋占星学では牡羊座から始まり、6番目の乙女座までの星座を自己成長の星座とし、7番目の天秤座から魚座までの星座は社会性での成長を表します。

乙女座で一人の人間として完成した後、社会のなかで他者との関わりを持つことで、さらに成長をしていくのです。

そして水瓶座は11番目で最後の魚座より、一つ手前の星座となります。魚座で成長を終える直前の星座なので、精神的には完成されたものに近い状態にあるということです。

水瓶座の記号「♒」は波動を表すものです。

波動というのは、振動して発生する波であり、わかりやすいものとして「音」や「水波」があります。

電磁波や地震のときに感じる地震波というものもありますが、その波動を象徴する記号を持つ水瓶座は、揺れることの根本を考えたり、意味を見出そうとしたりします。

そして、伝わること、伝えることを理解しようとする能力があるのです。

波動の根本となるものは、実際のところ見えないものであったり、なかなか理解できることではありません。

たとえば、誰もが幼い頃、「海の波はどのようにできるのだろう」と考えたと思います。その答えは、「風が起こす」ということもあるし、「海の生き物が起こす」や「海を通る船が起こす」など、答えはさまざまです。

絶対的な答えは導き出せませんが、そういうことを考えて楽しむことができるのが水瓶座なのです。

水瓶座は相対主義的という考え方で、「答えは一つではない」として絶対的な答えをもちません。

あたりまえのことですが、人はそれぞれの暮らしがあり、さまざまな性格があります。また家庭や社会というなかで決められたこともあります。

そのなかで、私たちは、いろいろなことを選択しながら生きています。そうなると、考え方や感じ方も人それぞれであり、それを一つの枠のなかで決めてしまうことができないと考えているのです。

「答えや考え方はみんな違ってあたりまえ」

「だから答えは一つではない」

そのように考えて実際に行動できるのが水瓶座の特徴なのです。

「答えや考え方はみんな違ってあたりまえ」ということは多くの人は理解しているつもりですが、やはり自分の考えと違った人を目にしたとき、なかなか納得できなかったりすることもあります。

たとえば、ファッションでも流行がありますが、ある程度自分の好感の持てるものなどは理解できますが、流行でもなく、今まで見たこともないようなファッションは驚いたり、ドキッとしたりします。そういうことを面白がって、理解してみようと思えるのが、水瓶座なのです。

インターネットが普及し、これからはＡＩの時代に入っていきますが、そういう時代になっても、人の価値観は身近なものにとらわれがちです。

家族や兄弟、親戚や友人という身近な人間関係で、自然につくられた価値観にとらわれたり、あふれる情報のなかで自分の意識がつくり上げた価値観というものがあります。そしてそれを変えることや新しいことを取り入れるには、勇気が必要です。

でも、水瓶座は、そうした価値観にしばられていないのです。

自分と違う考えでも「そういうこともあるよね」というように考えて、否定することがありません。

だからといって、それを完全に認めるということでもないところが、水瓶座の面白いところです。

自分は同意できないことでも、意見やアイデアの一つとして受け入れることができるのです。

その意味では、水瓶座ほど、論理的に判断できる人は他にはないでしょう。

誰に対しても公平で、かつ平等に対応できるという点では、水瓶座は12星座のなかではトップクラスになります。

感情に振りまわされることなく、冷静に物事を見ることができる、また知的でもある水瓶座は、周囲の評価や意見に流されません。固定概念にしばられない自由な精神を持っているのです。

水瓶座男子は狭い価値観を押しつけたり、感情的になることはありません。彼は理想的な「大人の男」そのものです。

そんな水瓶座男子の「基本」を押さえておきましょう。

【水瓶座男子の基本】
守　護　星：天王星・（土星）
幸運の色：グリーン・ブルー・蛍光色・メタリック
幸運の数：4
幸運の日：4日・13日・22日・31日
幸運の石：アメジスト・オパール・サファイア
身体の部位：すね、くるぶし、血液、血管、循環器系、目
そ　の　他：土曜日・パソコン・サプリメント

【水瓶座男子の資質チェックシート】
□　本や情報から知識を得るのが好き
□　決めつけられることは苦手

□ 話すことが好き
□ お金に執着がない
□ 一つに決めることが苦手
□ 個性的だと言われる
□ 退屈は耐えられない
□ 冷たいところがあると言われる
□ 変わってるねといわれると少し嬉しい
□ いつも自由な心でいたい

資質チェックシートで3つ以上「✓」があれば「水瓶座」の典型男子といえます。
「彼にはまったく当てはまらない」という場合には、彼には「太陽星座」以外の惑星の影響が強く出ている可能性があります。

前にホロスコープについて書きましたが、人が生まれたときの星の位置によって、それぞれの性格や資質といったものの傾向を見ていくのが西洋占星学の基本です。

彼が「水瓶座」だというのは、太陽星座が水瓶座だということですが、それは、生まれたときに太陽が水瓶座の位置にあったということです。

そして、その人の性質の傾向は太陽星座に大きく影響されますが、人はそう単純ではありません。

同じ日、同じ時間に生まれた双子でさえ、その性質には違いがあります。それはもちろん西洋占星学だけでは説明のつかないこともありますが、その人の詳細なホロスコープを見れば、その違いがわかります。

同じ水瓶座でも、みんなが同じということはありません。

たとえば前でも紹介した月星座を見ることでも、また別の分類ができます。

人によっては、あるいは同じ人でも、つき合う相手との関係においては、太陽星座よりも月星座の性質が強く出ることがあります。

また、「資質チェックシート」で彼に当てはまるものが少なかった場合に考えられるのは、彼があなたに本当の姿を見せていないということです。

誰に対しても公平な態度で冷静に振る舞える彼ですが、本人のなかでは人づき合いが得意とは感じていない場合もあります。

急によそよそしい態度になったりしたときには、なにか気になることがあるのかもしれません。そんな彼の本音を探り、理解していくことが、彼との関係を縮める一歩になるはずです。

水瓶座男子の性格

対等！　理性的！　独創的！


あなたは自分の性格をどんなふうにとらえているでしょうか。

性格というものは親からの遺伝によるところも大きいでしょうが、親とはまったく似ていないという人も大勢います。

ではその性格はどうやって形づくられるのかといえば、それは生まれたときの宇宙の環境、つまり星の位置によって決まるといっても過言ではありません。

12星座にはそれぞれ性格の特徴があります。それぞれに、よい面もあれば、悪い面もあります。

水瓶座男子にも次にあげるような長所、短所があります。

［長所］　　　　　［短所］
公平・対等　←→　無関心
理性的　　←→　冷たい
知識欲旺盛　←→　理屈が多い
独創的　　←→　つかみどころがない
冷静な判断　←→　無神経

長所と短所は背中合わせで、よいところであっても、それが過剰に表れれば、短所として他の人には映ります。

水瓶座男子は、12星座のなかでいちばん公平と対等を大切にしている星座です。身内だからとか好きな人だからといって、えこひいきするようなことはしません。また権力やお金というものにも揺れません。感情的になることは公平でないと考え、つねに理性的な態度を心がけているところで、無関心と思われたり、冷たい人と思われてしまうことがあります。

たとえば、恋人が知らない人と揉《も》めるようなことがあっても、自分の恋人だからといって絶対的な味方にはなりません。水瓶座男子は、両方の言い分を聞いて判断します。もしも自分の恋人に非があると思ったときには、冷静にそのことを指摘します。恋人の立場からすると、寂しい気持ちになるかもしれません。

愛情がないわけではなく、彼にとって見れば、「それとこれとは別の話」というだけです。どんな人に対しても同じ態度で、彼はいつも公平で対等なのです。

また知識欲求がとても旺盛です。情報や言葉など知識の量を増やしたいと、つねに思っています。知識や情報を得ることに喜びを感じ、知り得たことを整理して、それを広げていくことができます。

水瓶座男子は頭脳明晰《めいせき》な人が多く、自分の知り得た情報を人に伝えるのも嫌いではありません。ただし本人は、好き嫌いでそれを伝えているわけではなく、知っていたことだから話してしまった、ということでしょう。

たとえば、日常の会話で「○○って面白いよね」と軽く話したつもりが、水瓶座男子から返ってくる言葉は「○○って××なんだよ」と始まって、そこから思いもしない視点からの説明が入ったり、哲学的な話になったりします。

彼からあふれる情報の多さに圧倒されて、話についていけない人もいるかもしれません。彼のことを「理屈っぽい人」と思っている人もいるでしょうが、それほど水瓶座男子の情報量は多いということです。

水瓶座は、独特の感性を持っています。「独特」というのは一般的な人の感じ方であり、水瓶座自身は「独特」とは感じていません。

社会的な価値観や環境のなかで、何者にもしばられない自由な精神を持つ水瓶座ならではの感覚なのです。

それが「普通」や「常識」の概念からすると、「想定外の言動」になることがありますが、それこそが彼らの素晴らしい才能なのです。

ここで水瓶座を説明するのに無視できない、12星座の分類について二つの考え方をお話しします。

まず12星座は、「男性星座」と「女性星座」に分けることができます。

その分類は次の通りです。

【男性星座】……牡羊座・双子座・獅子座・天秤座・射手座・水瓶座
【女性星座】……牡牛座・蟹　座・乙女座・蠍　座・山羊座・魚　座

水瓶座は「男性星座」に分類されますが、男性星座だから男らしいということではありません。中国には、森羅万象、宇宙のありとあらゆる事物は「陰」「陽」の二つのカテゴリに分類するという思想がありますが、それに当てはめるなら、「男性星座」は「陽」、「女性星座」は「陰」になります。

男性星座は外に向かう意識であり、女性星座は内に向かう意識です。

もう一つは、行動パターンによる分類方法です。
それは、次の「活動宮」「固定宮」「柔軟宮」の3つに分かれます。

【活動宮】……牡羊座・蟹　座・天秤座・山羊座
【固定宮】……牡牛座・獅子座・蠍　座・水瓶座
【柔軟宮】……双子座・乙女座・射手座・魚　座

活動宮は、スタートさせる積極的な力を持ち、意欲的に行動します。
固定宮は、エネルギーを貯蓄し、持久力と維持力があります。
柔軟宮は、やわらかい性質で、変化に対応できる力があります。

この二つの分類から、水瓶座は「男性星座」であり、「固定宮」であることがわかります。つまり、外に向かう意識を持ち、エネルギーを貯蓄し、持久力と維持力がある星座だということです。

同じ「男性星座」で「固定宮」であるのは獅子座ですが、獅子座は、創造的なチャレンジをすることが得意なのに対して、水瓶座は社会的な物事を知的に理解することが得意です。そのときの感情や状況に振りまわされず、一度決めたことをやり通すこともできます。

水瓶座には、軽やかさや自由さがありますが、目的や目標が決まったら、ルーティンの作業でも投げ出すことなく、淡々と進めていけるのは「固定宮」の特性です。

人によっては、彼のことを「無神経」と思うことがあるかもしれません。自分のやるべきことだけをやって、他の人のことはお構いなしのように見えるのです。ですが、そうではありません。水瓶座は、感情を理解しないわけではありません。理解したうえで、それに流されずに、自分を律する強さがあるのです。

それぞれに、それぞれの傾向があります。その本質を知ることで、彼の言動の意味が理解できるかもしれません。

神話のなかの水瓶座

知識の豊富さと、普遍の愛を持つ星座

夜空に広がる星たちは、さまざまな星座を形づくっています。あるときは勇者であったり、あるときは動物や鳥などの生き物、または日常で使う道具となって語り継がれ、その多くは神話として残されています。

夜も暗くならない都会や、空気の悪い場所では、とても明るい光を放つ星以外、星座という形で見る機会は、少なくなってきました。

それでも、そうして神話が語り継がれてきたからこそ、私たちは星座の一つひとつを知り、その教訓を星の教えとして学ぶことができます。

水瓶座は、トロイアの王子ガニメーデが水瓶をかついでいる姿とされています。ガニメーデは、王子とも羊飼いの少年ともいわれていますが、絶世の美少年というところ

は共通です。その姿は金色に輝くという表現で伝えられていますが、それほどに、美しく輝いていたのでしょう。

そのあまりにも美しい姿に心を奪われたゼウスが、鷲《わし》の姿になって、ガニメーデを誘拐してしまったのです。

その後、ゼウスは美少年ガニメーデを傍《かたわ》らにおいて、神々の宴《うたげ》で美酒を注がせたとされます。その注がれる美酒は、神々の英知と聖水でできていたともされます。ゼウスの力によって、永遠の若さと美しさを与えられたガニメーデは、その後、夜空の星としても輝いているのです。

このガニメーデの美しさから、水瓶座は男女問わず、容姿に恵まれた人が多いとされています。また、いくつになっても若々しく、実際に実年齢より若く見える人が水瓶座には少なくありません。

水瓶座の美しさは、美少年ガニメーデの「美少年」に象徴されるように、美女でもなく、完成された男性でもないのです。

美少年という、どこか中性的で、未完成な部分を持っているというところに特徴があります。それは、セクシャルな美しさではなく、性を超越した魅力とでもいうような、輝きのある人として表れています。

また、「英知と聖水の水瓶を持つ」というのは、水瓶座の象徴ともいうべき、知識の豊富さと普遍の愛を持っていることを表現しています。

神話のエピソードを読み解くだけでも、その星座の人の傾向、持って生まれた才能、知性を知ることができるのです。

水瓶座男子のキーワード

「I know」(私は知る)

星座にはそれぞれ、キーワードがあります。

水瓶座には、「I know」(私は知る) というキーワードがあります。

これは、「認識することが得意」であり、いろいろなことを、まさに「知っていたい」という水瓶座の特徴でもあります。

「自由な思想のなかで生きていきたい」という思いと、「普遍的なものを追いかけたい」という思いをあわせ持つ水瓶座には、「絶対的なもの」がありません。

実際、日常生活においては、「その日の大切なこと」は日々変化していきます。和のなかの価値観も、時の流れとともに変わっていくものです。

そういう変化を素直に理解できる水瓶座は、その時々で価値を見出すものを知りたいと思っています。

たとえば、毎日の朝の習慣を守り続ける人もいます。

「朝は◯◯して、出かける」という習慣があるのです。

その習慣を守ることで、たとえ海外にいても、いつもの自分を取り戻して安心できる、という人もいます。

極端な例をあげれば、水瓶座にとって、「起床する」ということが真理であり、他の習慣はたいしたことではないと考えるのです。もっといえば、「起床することの意味」さえ考えてしまう人もいるのが、水瓶座の傾向なのです。

その意味を知るために知識を増やし、情報を取り入れることで、変化する流れのなかでの普遍的なものを、自分なりに理解していこうとしているのです。

また、美少年ガニメーデの持つ水瓶には、神々の英知が入っていました。その英知は、つねに水瓶からあふれています。水瓶座の人は、自分の瓶にも、英知を入れ、それをあふれたさせたいと思っています。そのために知り、学び、体験していくことが、水瓶座の特性になっています。

水瓶座の守護星は、改革と変化をもたらす天王星です。古い習慣を、よりよく改めていく。自分を変えたいと思いながら、変えられない人が多いのは、変わることへの恐れがあるからだといわれます。けれども、水瓶座は、それを恐れず、改革、変化していくことができるのです。

本書のタイトルは、『12星座で「いちばん才能に恵まれる」水瓶座男子の取扱説明書』としています。「才能に恵まれる」とは、知識が豊富で、一歩先を見て変化できることです。

水瓶座は、古い価値観にしばられず、新しいことを知り、そこから斬新な考え方ができる才能を持っています。

次の章では、そんな水瓶座男子の将来について見ていきましょう。

3

Future Success

水瓶座男子の将来性

水瓶座男子の基本的能力

周囲が驚くようなアイデアを論理的に提案できる

水瓶座男子は、とてもロジカル（論理的）です。

人はその日の気分次第で、行動が変わるものです。つまり、気分が乗れば張り切って、それを進め、気分が乗らなければ、つい先延ばしにしてしまう。あなたにも、思い当たることがあるのではありませんか。

水瓶座には、そうしたことがありません。もちろん人間ですから、気分が乗らないということはあるでしょう。でも、だからといって、「それをやらない」というのは、筋が通らないと考えます。

「なぜ、それをいま、しなければならないのか」

「やらないとするなら、その理由は何か」

といったことを、無意識のうちに考えています。

そうして、自分のやるべきことを順序立てて考え、それを淡々とこなしていきます。知識も豊富な水瓶座男子は、頭を使うことが得意です。

彼は、出世や名誉または報酬というようなものを、必死で追いかけるということはしません。そこに、それほどの価値は置いていません。したがって、それらに執着することもありません。

けれども、人からは認められたいと思っています。周囲から一目置かれることが、水瓶座男子の喜びです。

また、ときどき周囲が驚くようなアイデアを提案したり、それを実行に移したりします。それがあまりにも唐突なものになることはありますが、だからこそ、面白く、他の人は思いもつかなかった方法で、うまく事が進んでいく、ということがあります。

そのアイデアは、ヒラメキもありますが、さまざまな情報を集め、整理して検討した結果です。

だからこそ、それは仕事にも活かされ、ビジネスの面でも成功する人も少なくありません。

前で、「出世」や名誉または報酬」には、それほどの価値を置いていないという話をしましたが、かといって、それとは縁がないということではありません。

自分の生活や環境を維持したい、確保したいと考えると、仕事やポジション、収入などについても、どのくらい何が必要かと考え、行動します。そして、アイデアをアイデアだけで終わらせない才覚があるのです。

そんな彼を、支えることで、あなたも人として、女性として、新しい発見と気づきを体験することができるでしょう。

【水瓶座男子のスペック】

行動力：★★★☆☆（3つ星）必要と考えたときに行動する

体　力：★★☆☆☆（2つ星）神経と頭脳プレイが得意

情　熱：★★☆☆☆（2つ星）冷静に考えることが得意
協調性：★★★★☆（4つ星）信頼できる友達を大切にする
堅実さ：★★☆☆☆（2つ星）金銭に価値を見出せない
知　性：★★★★★（5つ星）頭を使うことが好き
感受性：★★★☆☆（3つ星）ヒラメキがある
総合的な将来性：★★★☆☆（3つ星）

水瓶座男子の適職

自分が認められる場所で才能を発揮する

頭を使うことが得意で、自由な発想のできる水瓶座男子は、何かをつくり出したり、生み出す職業で才能を発揮できます。

誰にも公平につき合う姿勢を見せる水瓶座男子は、人にも好かれ、多くの人とつながります。人とのつながりから、ネットワークを広げていくような職業にも向いています。本書は水瓶座男子について書いていくものですが、職業の選択、社会での活躍のしかたについては、女性でも男性でも同じです。

「頭を使って何かをつくり出していく」というと、芸術関係の仕事が浮かぶ方は多いかもしれませんが、その才能は、どんな職業でも発揮できるものです。

たとえば、会社員。水瓶座は、物事を論理的に考えられるので、仕事がより捗《はかど》るよう段取りを組んだり、データを処理したりということも、嫌いではありません。

持ち前の自由な発想で、これまでのやり方を改革、改善して、新しいアイデアで構築することで、結果として大きな成果を出していく人もいます。

営業職にしても、水瓶座ならではの方法で、その仕事を広げていくことができます。

いまでは、インターネットで世界中どこでもつながることができます。そして、そのインターネットを通じて、新しいビジネスも数多く生まれてきました。

たとえば「ユーチューバー」は、映像をインターネットで配信することで、個性をアピールして、ビジネスを成功させていきます。今後も、こうした新しいビジネスは続々と誕生するでしょう。そういう新しいビジネスや新しい文化を、抵抗なく取り入れ、生み出していけるのも水瓶座ならではの才能です。

研究機関、開発部門での仕事も向いています。どのような仕事に就いても、水瓶座のあふれる知恵が活《い》かされます。

個性が強く、自分が認められない場所、自分が認めない人との仕事はうまくいきません。水瓶座の人を見る目は、けっして甘くありません。その人のセンス、力量をしっかりと見極めてしまうところがあります。

少なくとも、本人はそう思っているので、「自分が認めない」と思った人には、厳しい態度をとることもあります。それで、損をすることもあるでしょう。才能を活かしていける場所が、水瓶座にとっての最高の適職といえるかもしれません。

【水瓶座男子が向いている職業】

発明家、科学者、学者、学芸員、研究者、劇作家、小説家、アナウンサー、広告、マスコミ関係、航空関係、アーティスト、コンピューター関係

【水瓶座男子の有名人】

福山雅治、山下達郎、佐々木蔵之介、葉加瀬太郎、櫻井翔、所ジョージ、香取慎吾、夏目漱石、あだち充、エジソン、クリスチャン・ディオール

水瓶座男子の働き方

全体の流れを推測しながら仕事を組み立てていく

論理的に考えることが好きな水瓶座男子ですが、じつはヒラメキという直感も持っています。

直感には、魚座のような神秘的なものもありますが、水瓶座は得た知識や情報と独特の個性のなかから生まれることが多いでしょう。

もちろん、水瓶座のヒラメキにも、神秘的な要素は加わります。水瓶座の記号の「♒」は波動を表していますが、それはいろいろな波を感知し、伝えていくことができるという意味もあるのです。

頭脳派で、直感も持ち合わせた水瓶座男子は、目の前にある仕事を構築することが得意です。

「こうやったら面白いかも」「こうやったほうがみんながわかりやすい」というふうに、全体の流れや動きを推測しながら組み立てていくのです。

その作業をしているとき、周囲からは「コツコツと何かに取り組んでいる」と見られることが多いのですが、本人の頭のなかでは、いろいろな構想を練っているので、ものすごい勢いで稼働しています。

頭のなかの情報や知識が、神話に出てくる水瓶の水のように勢いよくあふれ出しながら、計算をしたり考えたりしているのです。

そして実際、信じられないような速さとクオリティで、膨大な仕事量をこなしていきます。

でも、そういう努力を表には出さないのも、水瓶座男子らしい一面です。それは格好をつけているとか、隠したいということではなく、わざわざ自分が努力している姿や頑張っていることをアピールする必要はないと考えているのです。

「やるべきことをやる」ということだけなのです。

水瓶座男子の仕事のうえでの欠点といえば、自分で効率よく仕事を進められるため、周囲の空気や人の動きにはフォローなし、ということでしょうか。

自分さえよければいいというのではありません。

頼まれれば、その人をフォローし、協力することもできます。自分と同じ目標に向かっている仲間などには、率先して協力しようとします。

同じ考えや、似た価値観の人、チームの同志となると、どこまでもその人を助けようとするのは、水瓶座の優しさです。

ただし、頼まれないと気づかない、ということがあります。自分の頭のなかで、やりたいことがあふれ出しているので、そこまで気がまわらないのです。

進歩的な考え方で、企画や頭脳プレイの得意な彼は、頼もしいチームメンバーです。

ビジネスの場では、先を読む頭脳と論理的な思考ができると、大きな成功や結果につながります。

水瓶座男子の金運

才能を活かして大金を手にする

絶対的な価値観にしばられない水瓶座男子は、物質的なものや金銭にこだわりません。正直なところ、「現金があると、あるだけ使ってしまう」というのも、お金というものにこだわりがない水瓶座男子の「あるある」でしょう。

物質的なものよりも豊かな心や自由な精神のほうが、水瓶座にとっては価値のあるものであり、生きていくうえで重要だと考えています。

だからといって、持っているお金をすべて使ってしまえば生活もできなくなりますが、そこは、水瓶座の持ち前の知恵で乗り越えていきます。こだわりや執着《しゅうちゃく》はないけれど、知恵があるのです。

もともとコツコツ貯金をしていくタイプではないのですが、まったく貯金をしないということもありません。「お金があると自由な時間がつくれる」「好きな本が買える」というように、自分の生活や人生を、どのようにしたら豊かなものにできるかということを、論理的に考えられるのです。

お金の必要性を、人生や生活のプランの一つとして考え、そのプランに基づいて、計画を立てて行動しようとするのです。

また、金銭を知恵に交換することで、結果、それを財産に変えていきます。

たとえば、

「専門的な知識のための書籍を購入する」→「セミナーや資格取得にお金を使う」

というように、自分の才能を伸ばすことに投資していくのです。

投資した専門的な知識や資格が、あとあと収入として戻ってくるのです。

また、ヒラメキの才能も持つ水瓶座です。その才能を活かせば、大きなお金を手にする可能性もあります。発明や新しい商品を産み出すということは、水瓶座ならではの特徴の一つです。

水瓶座男子の健康

すね、くるぶし、血液、血管、循環器系、目に関する病気に注意

太陽の位置や月の満ち欠けという星たちの動きは、自然界だけでなく、人の身体にも大きな影響を与えています。

たとえば、太陽の光が輝く昼間は活発に動き、夜になると眠くなるという日常の身体の現象をはじめ、女性の生理周期は月の周期とほぼ同じです。また、満月の夜にいっせいに産卵するウミガメや珊瑚《さんご》の例もあります。人間でも満月の夜に性交する男女が多いことを、以前、英国の軍隊が確認したというレポートもあるほどです。

医学の父と呼ばれるヒポクラテスも占星学を研究し、実際医療に活用していました。これを占星医学といいますが、12星座の身体の部位の関係は否定できません。

［星座］　［身体の部位と、かかりやすい病気］
牡羊座——頭部、顔面、脳
牡牛座——耳鼻咽喉《じびいんこう》、食道、あご、首
双子座——手、腕、肩、肺、神経系、呼吸器系
蟹　座——胸、胃、子宮、膵《すい》臓、食道、消化器系、婦人科系
獅子座——心臓、目、脊髄、循環器系
乙女座——腹部、腸、脾《ひ》臓、神経性の病気、肝臓
天秤座——腰、腎臓
蠍　座——性器、泌尿器、腎臓、鼻、遺伝性の病気
射手座——大腿部、坐骨、肝臓
山羊座——膝、関節、骨、皮膚、冷え性
水瓶座——すね、くるぶし、血液、血管、循環器系、目
魚　座——足（くるぶしから下）、神経系

前頁の一覧を見ると、水瓶座は、「すね、くるぶし、血液、血管、循環器系、目」となっていて、その部位の病気にかかりやすいのです。

ここで重要な点は、健康問題が起きやすいというのは、その部位をしっかり使っているということです。

水瓶座の注意すべき部位に「血液、血管、循環器系、目」ですが、ここでも水瓶座の記号でもある「波動」という言葉がポイントとなってきます。

波動は波のように揺れるものであり、体内を流れる血液や、その血液を流す血管はとても影響を受けやすくなります。

水瓶座は頭脳をつねに使っています。それはとても激しく酷使《こくし》するくらい、考え事をしたり、神経を張りめぐらせたりしているのです。限界という、ある一定の枠に無関心な水瓶座は、知らずしらずのうちに、自分のキャパシティーを超えていることが多くなります。

そのために、過剰に使う頭と神経が、いつのまにか疲労を蓄積していき、自律神経に支障が出ます。

疲れ知らずで身体を酷使した結果、自律神経がよく働かなくなると循環器系に影響を及ぼします。循環器系は体内のシステムの中枢で、そこに不調が起きはじめると、次には血液の循環が悪くなり、血液や血管の病気を引き起こしてしまうのです。

また一つの目標に向かうと、それに集中して休みなく進み続けるので、ハードワークになりがちです。そのため慢性の眼精疲労に悩まされている人も少なくありません。

また、すねやくるぶしなど足が弱かったり、硬くなったり、というのも水瓶座が気をつけたいことです。

これは、

・血液循環が悪くなりやすい
・頭をよく使うことで足の先のほうまで気がまわらない

ということも含まれてきます。

疲れがたまると捻挫《ねんざ》したり、骨折をしやすくなったりします。

足のケガは、やむを得ず行動を制限することになりますが、それでも頭を休めることは、なかなかしない水瓶座です。

また、ストレスがたまったり、からだが疲れたりしていても、それを表に出さない星座なので、無理をしてしまいがちです。周囲の人にも、それがわかりにくいこともあります。

いつも冷静に振る舞っている彼ですが、身近にいるあなたがそばで気遣ってあげるようにしましょう。

水瓶座男子の老後

若い人とも友人関係をつくっていける

決められた社会のなかでも自由な心や考えを持つことのできる水瓶座男子は、年を重ねても変わらず、自分のペースで好きなことを楽しみながら過ごしています。

水瓶座は、自分の好きなことや学びたいと思ったことには夢中になりますが、あまり関心のないことには、集中力が発揮されません。

若い頃は、仕事関係のつき合いを考えて、ある程度は周囲に合わせることもしましたが、年齢を重ねて、自分なりの生活ができた頃には、「好きなこと」や「知りたいこと」に時間を費やしていきます。

だからといって、一人で孤独に過ごすということもありません。

一人で何かに集中して頭を使うことも好きですが、同じ趣味や考え方を持つ仲間や同志との時間を大切にします。

そのため、病気やケガなどで寝たきりにならないかぎり、趣味や娯楽、ボランティアなどで、新しい人たちとも出会い、そうしたつながりのなかで楽しさを見つけていくでしょう。

年をとると、若い人たちに偉そうにしたり、時には説教したりしてしまいがちですが、水瓶座男子には、そんなところがなく、友達のようにつき合います。

また、生活感がないというのも水瓶座男子の特徴ですが、いくつになってもどこか独特の個性を持って人生を楽しんでいるように見えます。

狭い価値観にしばられることなく、他者の個性や価値観も受け入れることができる水瓶座男子は、自分の個性を認めてもらいたいという気持ちがあります。

そのため、新しい情報や知識を得るために、本を読んだり、興味のあるイベントなどにも出かけたりします。そんな彼との老後は、あなたも感性を刺激され、楽しい生活を送れるでしょう。

4

Love

水瓶座男子の恋愛

水瓶座男子が惹かれるタイプ

自分の個性を理解してくれる女性

自由な価値観と個性を尊重する水瓶座男子です。

考え方や感じ方という感覚が、自由なのです。そのため個性的と見える水瓶座男子も多いでしょう。

ここで言う「個性的」という言葉ですが、大抵の人が「変わってるね」という意味で水瓶座男子に使うことが多いかもしれません。

そういうふうに言われると、普通は「え？」と思い、時には不安になったり、嫌な感じで受けとる人もいるかもしれません。

けれども水瓶座男子にとっては、そう言われると嬉しい、ということがあります。

「変わってる自分」というのが、「他の人とは違う」と言われているように感じるところが、まさに「個性的」といえるかもしれません。

ところで、水瓶座男子に思いを寄せるあなたなら、

「彼が個性的なら、私も個性的でなくてはならない」

と思うかもしれませんが、その必要はありません。

水瓶座男子は、外見や容姿に関してはあまり厳しくありません。個性的にアピールしても、ちょっと目を引くことはできても、恋愛には進展しにくいでしょう。

個性的な水瓶座男子は、誰よりも自分を理解してくれる人が好きなのです。

他の人から「個性的」と言われても、その個性の部分を理解してくれる女性が居心地がよいのです。

「私の彼、頭がよくて面白いの」

「彼の個性は刺激になって楽しいの」

というように、彼のことを認めて受け入れることが大事です。

また頭を使うことが好きな彼は、信頼できて、ホッと頭を休められる女性に、居心

地のよさを感じます。

いつも頭と神経を酷使している彼なのです。ぼんやりしているようなときも、いろいろな情報が脳を駆けめぐっています。

もともと頭のよい水瓶座男子です。あまり次元の低い話ばかりでは、彼は飽きてしまうでしょう。彼が興味を持っていることに、あなたが一緒に興味を持つと、思った以上に喜んでくれるでしょう。

自分を理解してくれて、安心できる女性と楽しい会話で盛り上がる。そんなことが彼にとっては、いちばん癒《い》やされることなのです。

水瓶座男子の告白

慎重になっているときこそ、本命

頭脳プレイは得意な水瓶座男子、けれども恋愛となると少し様子が違ってきます。情熱的なキャッチボールが大切なことは、頭ではわかっているけれど、「難しい」し、「苦手」なのです。

感情を表すようなこと、何かに執着することは嫌なことであり、できれば避けたいと思っています。

人は平等であり公平である、という広い心を持っているからこそ、そんなふうに感じてしまうのです。

恋愛は、感情的なものの最たるものですが、それを水瓶座は頭で考えてしまいます。

「彼女は自分のことが好きなのだろうか」

「自分のどこが好きなのだろうか」

と頭で考えすぎるために、慎重になってしまいます。

慎重になっているときこそ、本命ということでもあります。

水瓶座男子は感情のキャッチボールが苦手でも、人のことは嫌いではありません。

どちらかというと、人の輪のなかで楽しい会話をしたり、情報交換をしたりすることは嫌いではなく、また人の役に立ちたいという気持ちもあります。

でも、本命の彼女には、話をする勇気さえ出せなくなってしまいます。

つい頭でっかちに考えて、自信がなくなったり、不安になったり、余計な心配をしたり、となるわけです。

がんばって気負いすぎた挙句《あげく》に、挙動不審《きょどうふしん》となって、突飛な行動でアピールしてくるかもしれません。

そんなときこそ、本気の告白なのです。

別の言い方をするなら、本命ではなく、友人の一人、仲間の一人ということでつき合えば、距離が縮まりやすい彼です。

もしも彼のことが好きなら、自分から告白してもよいでしょう。その前に、最初は仲のよい友人という始まり方もあります。

万一、彼があなたの気持ちを受けとめられなくても、彼ほどフェアで博愛な人はいません。

一瞬は気まずい雰囲気になったとしても、その後は何事もなかったかのように、仲のよい友人や同志としてつき合っていけるでしょう。

水瓶座男子のケンカの原因

彼とより深く結ばれる仲直りのコツ

博愛の精神を持つ水瓶座男子の彼は、滅多にケンカはしません。

感情的にならない水瓶座男子は、問題が起こったときには、どうすれば解決できるかということを考えます。

もともと人に対してはすべて平等であり、その個人の意見や存在を尊重しているため、意見が違うことはあたりまえのことと考えています。

「自分は○○と考える」

「あなたは△△と考える」

だから意見が合わなくても、あたりまえなのです。

価値観が違うことがあたりまえと考えているので、言い争う必要もなければ、感情的になる必要もないのです。

ケンカをしてまで相手の考えを変えたり、気持ちを変えようとも考えていません。

「あなたはあなた」

「私は私」

それ以上でも、それ以下でもありません。

だからといって、感情がないというわけではありません。

水瓶座はけっして冷たいタイプではなく、むしろ優しいからこそ、ケンカになる状況を回避しようとするのです。

話し合って、問題の原因と解決方法を探り、お互いの打開策を考えようとします。

また、博愛の精神と公平な判断をするため、たとえ自分の家族や恩義のある人であっても、特別扱いはしません。相手からすれば、「友達なのにひどい」「恋人なのに冷たい」というような印象をもたれるかもしれません。

感情に振りまわされず、いつも淡々とロジカルに対応する彼は、ときどきケンカに巻き込まれるようなことはあります。

嘘がつけないために、正直な意見をはっきり言ってしまったり、気づかない間に論破してしまったりして、相手の機嫌を損《そこ》ねてしまうのです。

たとえば、あなたが友人関係や仕事の相談を彼にしたときも、

「そういうときは◯◯するといいよ」

というふうに、彼は解決策や対処方法を次々に提示してくるでしょう。

時には、

「それは君が◯◯だからでしょう」

というように、恋人であっても、友人であっても、平等に評価します。

それが正論であっても、「味方になってほしい」「ただ話を聞いてほしい」と思っているときには、彼の態度を寂しく感じるでしょう。

水瓶座男子は、つねに冷静で、平等なのです。

そういうときに怒り出したりすれば、彼は、感情的なあなたを負担に感じて、あな

たへの関心も徐々に引いていきます。

「感情を主張し合っても、意味はない」

そんなふうに考える水瓶座は、ただ少しずつ距離をおくようになります。たとえ嫌いになった相手とでさえも、争うようなことはしたくないのです。

そんな争いは、無意味に感じます。「無意味」というと冷たい言葉のように感じてしまうかもしれませんが、実際、水瓶座男子は、愚痴や悪口、陰口に時間を使うことをとても嫌います。

つねに正直で、楽しい会話や前向きな情報交換をしながら、生きていたいと考えます。

もしあなたが相談したいときは、解決策を聞くつもりで相談しましょう。

感情的なことが苦手な彼には、あなたの気持ちを説明するつもりで話すことです。

知恵をたくさん持っている彼は、論理的に置き換えることで、気持ちや感情というものを理解しようと歩み寄ってくれるでしょう。

水瓶座男子の愛し方

恋人同士になっても、友達のようなつき合いが居心地がいい

水瓶座男子は、つき合うようになっても、「好きだ」とか「愛してる」などを口にすることはありません。感情表現することが苦手なのです。たとえ愛する人でも、それは変わりません。

人によって態度を変えないのが彼のポリシーであり、自分の彼女と女友達が一緒にいた場合、二人を差別したりはしないのです。

ところで、水瓶座の神話の主人公は美少年です。

もう子どもとはいえませんが、かといって大人でもない。どこか中性的で神秘的な存在としての象徴が、「美少年」なのです。

美少年は、表情を表に出しません。大笑いすることもなければ、激怒したりすること

ともない。それが神秘的な印象を与えるわけです。

あなたの水瓶座男子にも、それに似たところがあるのではないでしょうか。

彼は、何かに執着するようなことがありません。特別な感情をあまり持たないようにしているところがあります。

恋人に対しても、感情を大げさに表現したり、甘えたりということがありません。ベタベタした関係は苦手なのです。たとえ恋人同士になっても、友達のようなつき合いが居心地がいいのです。

けれども、大切なあなたを喜ばせたいとは思っています。

彼は学ぶことは大好きです。もしも彼があなたのことを真剣に思っていたら、一生懸命に、あなたを喜ばせる方法を考えて、調べているでしょう。あなたには見せないところで、頑張っています。

博愛主義の彼は、誰にでも平等に愛を分け与えることがありますが、本当に居心地のいい女性のもとには帰ってくるのです。

水瓶座男子の結婚

お互いの個性を尊重し合う関係になる

「普遍の愛」を求める水瓶座男子は、「結婚」という儀式や形式にこだわりません。そのために「結婚」そのものの必要性を感じていないところがあります。

「愛」はもちろん大事にしていますし、生きていくうえで、なくてはならないものと理解していますが、儀式や形式にこだわる必要はないと考えているのです。

だからといって、一生結婚しないかというと、そうではありません。

同じ考えや夢を持っている同志だと思える相手には、心からの信頼を寄せ、生涯、大切にしたいと思っています。

水瓶座男子は、小さい頃から、どこにいても個性が際立《きわだ》ちます。生まれてからずっと、「変わってるね」と言われ続けてきたようなところがあります。

前でお話ししたように、それが嫌だったというわけではありませんが、自分の人生を孤独だと感じたことのない水瓶座はいないと言ってもいいほどです。

生まれ育った地域によっては、「変わっている自分」を持てあまし、時には罪悪感さえ抱くようなことがあったかもしれません。

たとえば、自分では普通にファッションを楽しんでいるだけなのに、「あんな格好をして……」と言われたり、思ったことを口にしただけで、友達からびっくりされたり、「他の人とは違う」ことで「変わり者」のレッテルを貼られた経験があったりします。

それを「個性」と認めてもらえるまでには、時間がかかり、自分でも心が揺れた時期があったかもしれません。

そういう自分を理解してくれる女性に出会えたとき、水瓶座男子は、結婚を意識します。

彼との関係を深めたいと思ったら、彼を自由にさせてあげることから始めましょう。

そして、彼の持つ才能や独創性を理解しましょう。

彼があなたのことを信頼し、同じ人生を歩いていける同志と認めれば、ゴールインとなる可能性大です。

水瓶座男子との結婚生活は、甘いだけのベタベタしたものではなく、同じ家庭を築いていく同志、または仲のいい友人同士のような夫婦になります。

常識や古い習慣にとらわれないため、世間一般の「夫の役割」「妻の役割」とは、少し違うかもしれません。お互いがお互いを尊重し合う関係が、水瓶座男子の理想的な結婚です。

長い人生の間には、彼が浮気したり、思いもよらぬ行動をとることもありますが、それも楽しむくらいの心の余裕を持ちましょう。

水瓶座男子は、他のどの星座よりも才能にあふれるユニークな存在です。その才能を理解し、支えることができれば、あなた自身の人生も、楽しく、心豊かなものになっていくでしょう。

5

Compatibility

水瓶座男子との相性

12星座の4つのグループ

火の星座、土の星座、風の星座、水の星座

12星座はそれぞれが持つ性質によって、4つの種類に分けられています。

（1）「火の星座」――牡羊座・獅子座・射手座
（2）「土の星座」――牡牛座・乙女座・山羊座
（3）「風の星座」――双子座・天秤座・水瓶座
（4）「水の星座」――蟹　座・蠍　座・魚　座

火の星座（牡羊座・獅子座・射手座）は、「火」のように熱い星たちです。特徴としては情熱的で、創造的なチャレンジをすることで元気になります。

土の星座（牡牛座・乙女座・山羊座）は、「土」のように手堅く、しっかり者です。現実的で慎重、忍耐力があり、感覚的な能力が発達しています。

風の星座（双子座・天秤座・水瓶座）は、「風」のように軽やかで、自由です。知識欲が旺盛で、社会的な物事を知的に理解する能力があります。

水の星座（蟹座・蠍座・魚座）は、「水」のようにしっとりしています。感情・情愛を基準に価値判断をします。自分だけでなく、相手の感情もとても重視します。

あなたの星座は、火、土、風、水の、どのグループに属しているでしょうか。

この4つの分類だけでも、水瓶座との相性がわかります。

（1）「火の星座（牡羊座・獅子座・射手座）」と水瓶座……まあまあよい

「火」と「風」の組み合わせは、ほどよく話し合える関係です。火は、風が吹くことで大きな炎になり、風は炎を大きくすることに喜びを感じます。

「牡羊座・獅子座・射手座」と「双子座・天秤座・水瓶座」は、お互いに成長できる関係を築くことができます。

（2）「土の星座（牡牛座・乙女座・山羊座）」と水瓶座……ちょっと微妙

「土」と「風」の組み合わせは、互いに打ち消し合う関係です。風は自由でいたいのに、土をかけられることで動きが制限させられてしまうのです。土も、風の勢いでホコリとなって周りを汚したり、撒《ま》き散らされたりするのは嫌なのです。

「牡牛座・乙女座・山羊座」と「双子座・天秤座・水瓶座」は、一緒にいても、どこか居心地が悪いと、お互いに感じてしまうところがあります。

（3）「風の星座（双子座・天秤座・水瓶座）」と水瓶座……とてもよい

同じ性質同士の組み合わせは、親しくなりやすい関係です。たとえば、火の性質同士、土の性質同士、水の性質同士というのは、一緒にいても違和感なく、出会ったばかりでも、すぐに仲よくなりやすいものです。

風の性質同士も例外とはいえませんが、他のグループに比べると、同じ「風」であっても、「ちょっと違う」と感じることがあるかもしれません。

というのも、双子座、天秤座、水瓶座は、同じ風の星座であっても、それぞれが個性的です。どの星座も、人に対しての執着があまりありません。そのために、揉めることはなくても、お互いに、相手に対して、もう一歩踏み込んだ関係にはなりにくいでしょう。さっぱりとした、大人な関係というのが、ピッタリかもしれません。

（4）「水の星座（蟹座・蠍座・魚座）」と水瓶座……ちょっと微妙

「水」と「風」の組み合わせは、打ち消し合う関係です。風の勢いを止める力が水にはあります。つまり風にとって水は、自分の自由を奪うものとなってしまうのです。

「蟹座・蠍座・魚座」と「双子座・天秤座・水瓶座」は、お互いを理解できず、それを相手にわかってもらえないことで、しだいにストレスを感じるようになるでしょう。

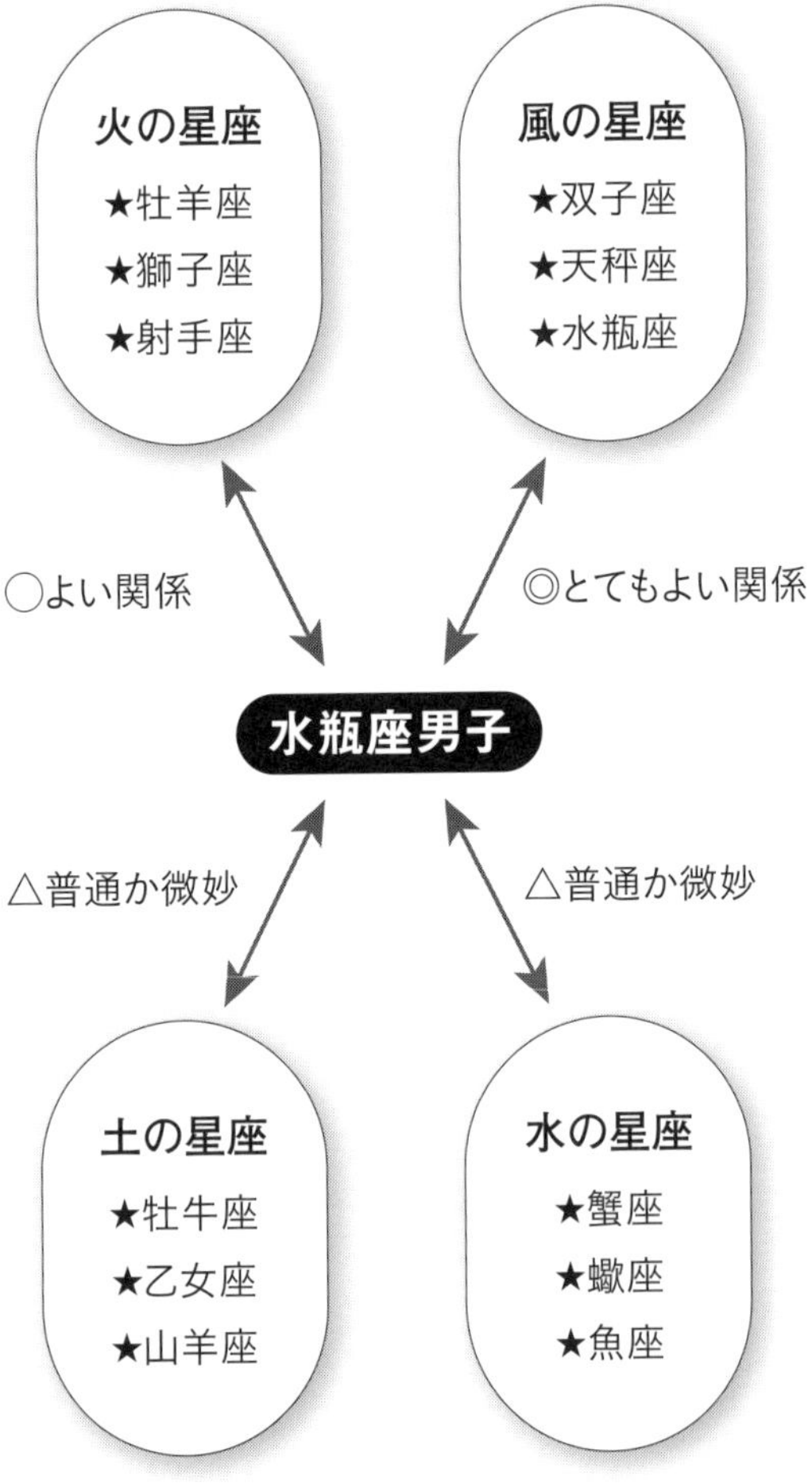

◉**水瓶座男子**と4つのグループ

12星座の基本性格

あなたの太陽星座は何ですか？

水瓶座とそれぞれの星座の相性を見る前に、まずは12星座の基本的な性格を見てみましょう。それぞれの星座について、象徴的な言葉を並べてみました。

【12星座の基本性格】
牡羊座：積極的で純粋。情熱的。闘争本能が強い。チャレンジ精神が旺盛。
牡牛座：欲望に正直。所有欲が強い。頑固。現実的で安全第一。変化を好まない。
双子座：好奇心が強い。多くの知識を吸収して行動する。器用貧乏。二面性。
蟹　座：母性本能が強い。同情心や仲間意識が強い。感情の浮き沈みが激しい。
獅子座：親分肌で面倒見がよい。豊かな表現力。創造性がある。誇り高い。

乙女座：緻密《ちみつ》な分析力。几帳面《きちょうめん》。清潔好き。批判精神が旺盛。働き者。
天秤座：社交的。人づき合いが上手。バランス感覚に優れている。
蠍　座：慎重。物事を深く考える。時に疑り深い面も。やるかやらないか極端。
射手座：自由奔放《ほんぽう》。単刀直入。興味は広く深く、探求心が旺盛。大雑把《おおざっぱ》。無神経。
山羊座：不屈の忍耐力。指導力がある。地味な努力家。臆病。無駄がない。
水瓶座：自由で独創的。変わり者。博愛。中性的。ヒラメキ。発見するのが得意。
魚　座：自己犠牲的。豊かなインスピレーション。優しい。ムードに流されやすい。

性格には「いい性格」も「悪い性格」もなく、すべては表裏一体です。
それぞれの星座の「象徴的な言葉」から、あなたなりの理解で、読みとることが大切です。

12星座女子と水瓶座男子の相性

組み合わせで、これからのつき合い方が変わる

牡羊座女子(火)と水瓶座男子(風)——○

牡羊座と水瓶座は「火」と「風」という協力し合える関係です。

牡羊座女子は活発で行動力があります。考える前に行動していたり、そのときの勢いで何事も一生懸命に取り組みます。そんな元気いっぱいな牡羊座女子に、水瓶座男子は興味を持ちます。

水瓶座男子は個性的で頭がよいので、牡羊座女子のことを理解しようとします。考えることの好きな水瓶座男子から見ると、思ったままに素直に行動する牡羊座女子がとてもかわいく映ります。

牡羊座女子は、自分にはない個性と意外な視点から話をする水瓶座男子の頭のよさ

と鋭《するど》さを、自分にはない才能と感じ、素敵に思います。お互いが自分にないところを理解し合えるので、すぐに仲よくなることができます。

仲よくなるとお互いが協力し合い、楽しい時間が過ごせますが、どちらもタイプが違うけれど、それぞれに個性が強いところがあります。

牡羊座女子は、自己中心的で、その場の空気を読むのが苦手です。水瓶座男子も自分の個性や才能を隠さずに貫《つらぬ》くところがあります。

またお互いに面倒くさいとすぐにあきらめたり、手を引いたりするところもあります。タイプは違いますが、似ているところがあるのです。水瓶座は面倒なことが苦手です。牡羊座女子も面倒なことは苦手で、あきっぽい性格があります。そうなると相手のことに関心がなくなり、すれ違いが起こります。

恋のきっかけは、牡羊座女子が水瓶座男子の知的で才能あふれるところにときめく瞬間です。そして恋の終わりは、牡羊座女子の単純さとわがままさに、水瓶座男子の気持ちが引き始めることが、その原因となるでしょう。

お互いに気持ちが冷めたときには、すでに次の異性がいるということもあるので油断大敵です。

タイプは違っても、どこか似ているところがある二人は、お互いを理解し合える関係です。少し相手に歩み寄って、理解しようとすることが、よい関係が続く鍵になります。

牡牛座女子（土）と水瓶座男子（風）――△

牡牛座と水瓶座は「土」と「風」という、まったく違う性質の組み合わせです。

牡牛座女子は、おいしい店やこだわりのブランドや音楽などを、日常のなかでつねに探求しています。そして、自分の感覚に合ったものや、居心地のよい空間に居ることを好みます。

水瓶座男子は知識や情報を求めているので、牡牛座女子のこだわりの感覚を大切にするところに興味を持ちます。そして、いろいろと知りたくなります。

牡牛座女子は知識豊富で、個性的な水瓶座男子の存在に興味が湧きます。自分にはまったくない斬新的な考え方と行動に最初は驚きますが、新しい情報を持っていたり、今までにない刺激的なところが素敵に思えるのです。また、どこか中性的な魅力も惹かれるところです。

牡牛座女子の興味のあることと、水瓶座男子の知識が合うと、距離がぐっと縮まっていくでしょう。でも、もともとペースも価値観も違う二人です。しだいにすれ違いも多くなってきます。

水瓶座男子は、いろいろなことにこだわりません。人間関係でも、ベタベタした関係や必要以上の触れ合いをあまり求めません。どちらかというと苦手なのです。でも牡牛座女子は好きな人とは触れていたいし、そばにいることで安心し、愛を確かめているところもあります。

また、こだわりが強いために、水瓶座男子からは頑固に見られてしまうのです。

牡牛座女子は独占欲が強いため、水瓶座男子と一緒に過ごす時間を求めてしまうと、水瓶座男子がしだいに窮屈《きゅうくつ》になってきます。

牡牛座女子はよいものを、水瓶座男子は斬新なものを、というように、お互いの好みと個性の違いを認識することも大切です。お互いのペースや居心地のよい空間が違うことを理解し、水瓶座男子の才能をのびのびと発揮させることを応援する形でサポートしていくと、よい関係が続けられます。

双子座女子（風）と水瓶座男子（風）——◎

双子座と水瓶座は「風」と「風」の組み合わせです。

双子座女子は頭の回転が速く、知的好奇心が旺盛です。水瓶座男子も知識欲求が高く、二人でいると情報や会話がはずみます。

二人とも自由を好み、その感覚がお互いに自然とわかるので、相手を束縛したり、感情を押しつけたりするようなことがありません。

ビジネスの関係でも、ほどよい距離感を保って、気持ちよく仕事が捗ります。

双子座女子は、水瓶座男子の独特の感性とアイデアにときめきます。

水瓶座男子も、知的でクールな双子座女子に関心が湧きます。自分が少し変わった視点から話をしても、うまく受け答えをしてくれたり、面白がってくれるところが、とても心地よいのです。

双子座女子も知的好奇心が旺盛なため、水瓶座男子の知性と情報量が刺激になり、一緒にいて楽しいと思えるのです。

二人は一緒にいても居心地がよく、お互いに自分らしくいられるという点においては、もっとも相性のいい二人といっても過言ではありません。

けれども、双子座も水瓶座も、よくも悪くも自由で「執着」がなく、どんな相手にも束縛する気持ちがありません。「結婚」や「恋人」という形にもこだわりがないので、永遠に「居心地のよい友達」になってしまう可能性もあります。

どちらも、自分の好奇心に素直に動くタイプで、心移りしやすく、じつは浮気していたり、二股をかけていたり、ということもあり得ます。

また、たとえ一度別れてしまっても、何事もなかったかのように友人になったり、恋人関係にもどったりするのも、この組み合わせならではの特徴です。

蟹座女子(水)と水瓶座男子(風)——△

蟹座と水瓶座は「水」と「風」という、まったく違う性質の組み合わせです。

蟹座女子は母性にあふれ、家庭的で、自分の愛する人、家族や友人をとても大切にします。一度好きだと思ったら、「彼のことしか考えられない」というほど、恋愛至上主義なところがあります。

蟹座女子は、水瓶座男子の知的なところと、中性的な魅力にときめきます。

水瓶座男子は、蟹座女子の家庭的で包み込んでくれるような優しさに惹かれます。

けれども、水瓶座男子は古い価値観や常識を超える新しい考えを持っています。また博愛の心があり、優しさを分け隔てなく、誰にでも平等に与えます。

そんな彼のことが、蟹座女子は心配になります。感情に素直な蟹座は、彼のことを思うあまり、行動を詮索したり、女友達との関係を勘ぐったりします。

水瓶座男子は、感情をストレートに出し、世話を焼いてくれる蟹座女子をしだいに持てあまし、一緒にいることが息苦しくなってしまうでしょう。蟹座女子も、水瓶座男子のことが信用できなくなり、結局は、二人の関係は長続きしないかもしれません。

違う性質であるからこそ学びがあり、互いに成長していくこともできます。相手を知ることで、自分にとって何が大切かがわかるというのは、恋愛における一番の学びであり、それこそが恋愛の醍醐味だと考えてみてはいかがでしょうか。

獅子座女子（火）と水瓶座男子（風）——○

獅子座と水瓶座は「火」と「風」という、お互いが協力し合える関係です。

獅子座女子はつねにストレートで、創造的チャレンジをすることで自分を充実させていくことができます。

そんな獅子座女子を、水瓶座男子はとてもまぶしく感じます。素直で、時に調子に乗りやすいところがある獅子座女子を、無邪気でかわいいと思うのです。

また、水瓶座男子の斬新で知的な言動は、個性となって輝きます。そういう輝く個性に、華やかな雰囲気を好む獅子座女子はときめきます。

二人で家庭を築いたり、ビジネスで組む場合には、獅子座女子のリーダー気質を活かしながら、水瓶座男子がアイデアや論理的な策でサポートするとうまくいくでしょう。お互いの役割分担を理解して、それを実践することで、ほどよい情熱をもって、つき合うことができます。

獅子座女子はいつも明るく振る舞っていても、根が寂しがりやのため、そばにいて、安心させてくれるような彼が欲しいのですが、水瓶座男子がその期待に応えるのは難しいでしょう。

いつも公平で、自由な精神を持つ水瓶座は束縛されることを嫌います。

頭では理解していても、一歩踏み出した深いつき合いや、感情のキャッチボールが得意ではありません。

獅子座女子の「あたりまえ」が理解できずに、しだいに距離をとってしまうかもしれません。そういうときは熱くなりすぎず、彼に気持ちを説明するのもよいでしょう。お互いの距離感を保ちながら、相手のことを理解するようにすると、よい関係を長続きできます。

乙女座女子（土）と水瓶座男子（風）――△

乙女座と水瓶座は「土」と「風」いう、まったく違う性質の組み合わせです。

乙女座女子はとても繊細で、分析上手の星座です。誰も気づかないような小さなミスを発見したり、というような才能があります。

水瓶座男子は頭がよく、ロジカルに物事を考え、進めていくことが得意です。そのため、細かいところに気づく乙女座女子の緻密さをとても尊敬します。

乙女座女子は、いつもきちんとしていたい星座です。秩序をもって、整った空間、関係性のなかで安心することができますが、水瓶座男子のロジカルなところに心を惹かれます。

でも、才能豊かすぎて、ときどき自分の考えもしないような言動の水瓶座男子に驚かされたり、刺激を受けたりします。

土の星座である乙女座は、形になるものが好きですが、そこが風の星座である水瓶座には「ない要素」といえるかもしれません。

水瓶座の才能の豊かさや刺激の多さに、しだいに乙女座が疲れたり、ストレスを感じてしまうことが多くなると、すれ違っていきます。

価値観は違うけれど、どちらも頭を使ったり、考えたりすることが得意な星座です。程よい距離感で、お互いに干渉せず、得意分野を認めて、理解するということを考えると、よい関係でいられるでしょう。

天秤座女子（風）と水瓶座男子（風）——◎

天秤座と水瓶座は「風」と「風」の組み合わせです。同じ性質なので居心地のよい関係を築いていけるでしょう。

天秤座女子は華やかで、お洒落《しゃれ》です。また自由を好む、知的な星座です。

水瓶座男子も自由を好み、頭を使うことが得意です。お互いに、相手を束縛せず、自分にないところは刺激を受ける部分として共有できます。

天秤座女子の軽やかな振る舞いや、知的な会話に水瓶座男子は心を惹かれます。

また天秤座女子も、水瓶座男子の個性と才能の豊かさに刺激を受けます。何事にも執着しない二人なので、惹かれ合っても自由な関係をキープできるでしょう。

ただし自由すぎて、どちらからともなく近づいては離れ、離れてはまた近づく、そんな微妙な関係が続く人もいるでしょう。

天秤座女子はモテますし、一人の人に執着することはありません。また水瓶座男子も自分から熱心にアプローチをしたり、恋愛にのめり込むことはありません。

二人は似たもの同士で居心地もよいのですが、それ以上の関係には進展しにくいデメリットもあります。

天秤座女子は社交的で、その場の雰囲気を察します。けれども水瓶座男子は個性的で、雰囲気を察するようなことは不得手です。そんな彼を「自分勝手で恥ずかしい」と天秤座女子が考えると、しだいに距離が開いていきます。距離ができても、お互いに気まずいこともなく、さらっとした関係で、次に進んでいけるのも風の星座同士ならではの関係です。

二人とも頭がよく、似たところもあるので、理解しようとすれば、わかり合える関係です。天秤座女子がスマートに水瓶座男子をリードしていくと、よい関係が続けられるでしょう。

蠍座女子（水）と水瓶座男子（風）――△

蠍座と水瓶座は「水」と「風」いう、まったく違う性質の組み合わせです。

水瓶座は考えることが好きで、自由を好みます。蠍座女子は安心できる人と静かに過ごしたいと思いますが、水瓶座男子は特定の誰かとずっと一緒にというのは得意ではありません。蠍座女子は感情や愛情という情というものを大切にしますが、水瓶座男子は思考が優先され、感情的なことは苦手です。これだけ違う要素ばかりの組み合わせなのです。

しかし蠍座女子は水の星座で、深い愛を持っています。水瓶座を深い愛で見守ることができます。

水瓶座男子の中性的な魅力に惹かれ、彼が疲れて帰ってきたときに、黙って受け入れる安定感があります。

お互いにまったく違う要素ばかりの二人ですが、逆に、それが刺激となり、魅力的に感じるのです。

けれどもしだいに水瓶座男子は、蠍座女子の深い愛が窮屈になり、静かに距離を置きたくなってきます。水瓶座男子は軽快に生きていきたい部分がありますが、蠍座女子は慎重で頑固なところがあり、重く感じてしまうのです。

距離をおいた水瓶座男子は次に進もうとしますが、蠍座女子にとって、それは許せない行為です。

愛した人だからこそ、裏切りを認めるわけにはいかないわけです。けれども相手を責めても関係はこじれるだけで、ますます彼の気持ちは遠ざかってしまうでしょう。

そういうときは趣味や仕事などに打ち込んだり、他のことに集中して、彼と少し距離を置いてみましょう。すぐには無理かもしれませんが、しだいにあなた自身も落ち着いて、自分の気持ちに整理をつけることもできるかもしれません。

射手座女子（火）と水瓶座男子（風）――◯

射手座と水瓶座は「火」と「風」という、お互いが協力し合える関係です。

射手座はまっすぐで探求心があります。その探求心は、精神的な成長を求めるものであったり、単なる自分の興味を満たすものであったりと、多岐多様にわたっています。そんな射手座女子を、水瓶男子は興味深い存在として見ています。

水瓶座男子も知識を増やすための探求心があります。また射手座女子には、水瓶座男子のロジカルなところが、自分にはない才能のため素敵に思います。

また二人とも、自由に行動したり考えたりすることが好きなところが似ています。

そのため、お互いを尊重し、理解し、二人の距離は縮まります。そういう自由な二人は、初めの頃は居心地がよいのですが、自然と自分の興味のある方向へ気持ちが変化していきます。

お互いの共通の趣味や関心があると、一緒に盛り上がれるのですが、違う方向に好奇心や興味が移ってしまうと、距離が一気に遠のいてしまいます。

そのため、どこかあっさりとした関係のまま自然消滅したり、すぐに別の恋人ができたり、恋愛よりも仕事や研究に興味がいったりします。

もともと協力し合える関係の二人です。お互いが相手の趣味や好みなどを理解し、共通の趣味などで楽しむことが長続きの鍵となります。

山羊座女子（土）と水瓶座男子（風）——△

山羊座と水瓶座は「土」と「風」いう、まったく違う性質の組み合わせです。山羊座女子は現実的で、忍耐力のある星座です。この星座の女子は目標を決めたら、コツコツと着実に積み上げていくことが得意です。

水瓶座男子は知恵を使って、淡々と目標までいっきに進めることができます。山羊座女子の堅実的な進め方は、水瓶座男子とは違いますが、お互いの能力の使い方の違いを認め合い、協力できると、お互いの成長とともに高い目標もクリアできる組み合わせです。

水瓶座男子はロジカルに計画を立てたら、淡々と目標に向かっていきます。その姿が山羊座女子にはカッコよく見えます。山羊座女子は目標達成に向けて、事前の準備、計画、行動プランなどを準備し、着実に進めていきます。そういう頑張っている姿に、水瓶座男子は心から尊敬します。同じ目標に向かっていたり、生き方が共感できると思うと、水瓶座男子は同志として尊敬するのです。

でも、水瓶座男子は自由でありたいと思っています。目標をクリアしたら、また次のことに興味を持ちたいと考えます。そして、価値観や固定観念というものを持ちません。そういう考え方が、山羊座女子には理解できず、不満に感じてしまいます。そばにいてほしいときにいてくれなかったり、自由すぎるところが信頼できなくなってくるのです。

不満を水瓶座男子にいくら言っても、彼は遠ざかっていくばかりです。そうなる前に、よく話し合い、助け合うことで、二人の関係をお互いが成長できるものに変えていけるでしょう。

水瓶座女子（風）と水瓶座男子（風）――◎

同じ星座同士の組み合わせは、多くを語らずともわかり合えます。何か出来事が起きたときに、二人はほぼ同じように反応できるからです。たとえば、初対面でなんだか気が合うと感じたら同じ星座だった、というのは、この組み合わせに多いパターンです。基本の性格が似ているので気も合い、行動も同じようになります。二人が並んだときに、「雰囲気が似てるね」といわれることも多いでしょう。

相手を尊重して、お互いの好みを共有できると、とても強固なつながりになります。お互いがなくてはならないパートナーになれるのです。運命の出会い、永遠の同志、というような、かけがえのない存在になります。

水瓶座はとても自由な精神で、博愛的な星座です。権力や地位などによって人を差別せず、公平な心を持っています。

お互いを束縛することなく、一緒にいて退屈しない、干渉しないという点で、とても居心地のいい関係といえるでしょう。

ただし、どちらも自由で個性的です。また感情を表に出さないため、周囲からは「何を考えているかよくわからない二人」と見られているかもしれません。

結婚という形式にもとらわれないという人も、他の星座に比べると多いでしょう。出会った年齢によっては、つかず離れずの関係を、お互いに支障のない状態で築いていける組み合わせです。

一緒に仕事をするときも、同じペースで進めていきます。大きな失敗をしたりということはありませんが、お互いが自分なりのスタンスで仕事を進めていきたいところがあります。目標に対してどのように進めていくか、二人で計画を立て、お互いの得意分野を発揮できると、負担なく、いい結果で目標が達成できるでしょう。

出会いは、お互いの若々しさと独創性に惹かれるところから始まります。自分と似ている考えの異性がいるという発見で、近い関係になります。お互いに、それぞれのツボをよくとらえてるので、「浮気まで想定内」と理解し合える関係になれます。

魚座女子（水）と水瓶座男子（風）――△

魚座と水瓶座は「水」と「風」の組み合わせです。

魚座はとても優しく、広い心で多くの人に愛を注いでいきます。

水瓶座も博愛の精神があり、権力や地位などによって人を差別せず、公平な心を持っています。どちらも「愛」を大切にしている星座ですが、表現の仕方や考え方が違ってきます。

たとえば、水瓶座の行動を、愛を注ぐように献身的に協力してくれるのが魚座です。全身全霊で水瓶座を支えようとするのです。水瓶座も人には優しく接しますが、命をかけて何かにのめり込むというようなことはありません。

水の星座の持つ〝情け〟は、風の星座である水瓶座にはないものなので、理解できないのですが、それを表に出すことはありません。

水瓶座男子は、献身的な魚座女子を愛おしく思うでしょう。「なんて健気《けなげ》で、優しい女性だろう」と。でもそれは一瞬で、本当の愛情ではありません。

一方、魚座は、水瓶座を支えたい、応援したいと思います。実際に、それを行動に移していくでしょう。魚座は自分がかけただけの愛情を、相手から返してもらえないと不満に感じるようになります。「私はこんなに尽くしているのに」というわけです。

時に、その思いが涙となってあふれてしまうことがあるかもしれませんが、水瓶座には、その涙の意味がわかりません。どう扱ってよいかわからずに、しだいに「魚座女子は不可解だ」と思うようになります。

水瓶座男子は頭がよく、優しさや愛は多くの人に公平に与えます。そのため異性からも人気があります。他の女性から誘われたり、気になる女性が現れたりすれば、そちらに関心は向かってしまいます。魚座女子の期待する優しさや愛情は、水瓶座男子からは注がれないのです。

論理的に考える水瓶座男子は、相手の気持ちを理解しようとします。また公平な態度と思考であろうと努力します。

魚座女子がストレスになる前に、自分のなかにある不満や不安は、彼に正直に伝えてみましょう。頭がよい彼は、論理的に話をすれば理解しようとしてくれます。

二人は、形は違っても「愛」を大切にする星座なのです。わかり合えるところを認め合い、愛を深めていきましょう。

6

Relationship

水瓶座男子との
つき合い方

水瓶座男子が家族の場合

父親、兄弟、息子が水瓶座の人

父親が水瓶座の人

水瓶座男子を父に持ったあなたは、「お父さんは勉強だけはうるさかった」というような印象があるのではないでしょうか。

もしくは他のお父さんとは「少し違っていた」という人も多いかもしれません。「少し違う」と子どもながらに思っていたのは、父親としてというよりも、人として趣味や言動が個性的だったから、ではないでしょうか。

水瓶座の父親は、子どもに対して細かいことはあまり言いません。子どもにかぎらず、誰に対しても、それは同じです。友人や家族、自分の妻に対しても、その人の個性を尊重して、非難するようなことはしないのです。そのため、普通の父親が言う「〇〇するべき」「○○しなければならない」というような、行動や考え方を制限するような躾《しつ》けはあまりしません。

家でのルールや決まりごとを強要することはなく、どちらかといえば、「自分でしなさい」とか「自分で考えなさい」というような言われ方をしたことのほうが多かったのではないでしょうか。

水瓶座は個性を尊重する星座です。自分の子どもに対しても、その子の持っている個性を尊重して育てたいと考えています。個性を尊重する分、しっかりと自立して行動するということを教えたかったのです。

自分もそういうふうに生きてきたところもあるので、大人や他の人に甘えないで、自分で考える力と考えて行動する力を持ってほしいと願っています。

また、そのために学ぶことや知識は必要だと考えています。大抵のことは自由だったにもかかわらず、「勉強にはうるさい」というのは、子どもに生きる知恵や多くの知識を持ってほしいと思っているからです。

自分自身が勉強したり本を読んだりすることが好きなせいもありますが、水瓶座にとって、「学び」は生きるためになくてはならないものです。

ふだんの父親は、子どもでも大人と同等に扱ってくれて、親子というより、どこか友達のようにつき合ってくれますが、あなたたち家族や子どものことは大切に思っています。

父の日や父親の誕生日には、感謝の言葉を伝えましょう。また趣味の本やオリジナリティの高いものをプレゼントするのも喜ばれるでしょう。

家族からの感謝や励ましは、父親にとって、これ以上にない応援であり、プレゼントになります。いつもは感情を表に出さないお父さんでも、心からの笑顔を見せるかもしれません。

兄弟が水瓶座の人

幼い頃から本を読んでいて、頭がよかった兄を、あなたはとても誇らしく思っていたのではないでしょうか。

水瓶座男子は、とにかく本を読んだり、情報を集めたりということが好きなのです。頭を使って考えることが楽しく、あたりまえのように勉強好きな人が多いでしょう。

あなたが勉強でわからないことがあると、きちっと教えてくれたでしょう。それだけでなく、もっと難しいことも、わかりやすいように話をしてくれたりします。「うちの兄は頭がいい！」と、友達に自慢したこともあったかもしれません。

では、水瓶座男子の弟についてはどうでしょうか。

小さい頃から、どこか大人びた感じで、独特な子どもだった、という印象を持っている人は多いでしょう。子どもは強く自己主張するものですが、そんなこともしない。時には、年下と思えないような発言をしたり、冷静な目で家族や周囲の大人たちを見ていたりして、あなたを驚かせることがあったかもしれません。

水瓶座男子は年齢を問わず、冷静で、俯瞰《ふかん》するような物事の見方をします。

家族やきょうだいであっても、身びいきで判断することがありません。いつも論理的で、何か異を唱《とな》えようとしても、論破《ろんぱ》されてしまうことが多いでしょう。

あなたが味方をしてほしいようなことがあっても、公平に物事を判断するのでがっかりすることもありますが、冷静に考えてみれば、彼の言う通りだと納得できます。

おかげで、納得できなかったことも理解できて、自分の感情がスッと収まってしまったということもあったでしょう。

相手を論破できる頭脳を持ちながら、物事を公平に見ることができる水瓶座男子の兄弟ですが、じつは自分のことや、将来のことなどについては、内心、揺れ動いていることがあります。

そういうとき、気の許せる家族と一緒にいる時間は、彼にとっては何よりホッと安心できるものです。兄弟だからと遠慮したり、恥ずかしがることなく、ときどきは頑張っている兄弟を褒めてあげたり、感謝の気持ちを言葉として伝えることが、彼の自信につながっていきます。

息子が水瓶座の人

水瓶座の息子は、ときどき面白い行動をします。

たとえば、突然何かをつくってみたり、突飛《とっぴ》に本を開いてみたりと、予想を超えることを言ったり、したりします。

子どもというものは、新しいことを知り、体験することを喜びますが、水瓶座ほど、「新しい発見」が大好きな子どもはいないと言ってもいいほどです。

そして、その発見は、生きる知恵として自分のなかに蓄えられていきます。

神話のなかで、水瓶座の水瓶には英知の水が入っていました。まさに、その英知の水を自分の瓶のなかに取り込んでいくかのようです。

そして、自分のなかの「新しい発見」を、親や家族、友人に話すのです。本のことや興味のあることを話し出すと止まらなくなるのも、水瓶座の特徴の一つです。

また水瓶座男子は「ヒラメキ」の才能もあります。そのため、大人の予想を超える行動をすることがあります。またつい正直に言いすぎるということもあります。

無邪気な言動ではありますが、それを見て、「変わった子」とレッテルを貼ってしまう人もいます。伝統やしきたりを重んじるようなところでは、水瓶座は窮屈に感じることが多いでしょう。まだ子どもで、自分では判断できないようなときには、それが厳しく、寂しいような気持ちになって、ストレスになってしまうこともあります。

そういうときは、彼のいちばん身近に接するあなたが説明してあげましょう。もともと、ものごとの道理を理解しようとする賢い子です。きちんと説明されることで、子どもながらに納得できることもあります。

もちろん悪いことをしたら叱ってください。ただし感情的に叱っても、彼には響きません。一人の人間として、彼のわかる言葉で丁寧に論理的に諭《さと》してあげましょう。

水瓶座の息子の発想は、将来、あふれる才能へと変わる大切な種です。その種からたくさんの芽が育ち花開くように、彼が安心して才能を発揮できる環境を提供しましょう。

水瓶座男子が友人（同僚）の場合

論理的思考で仕事を合理的に構築する

とてもロジカルな水瓶座男子は、職場でもどこにいても、自分というものを崩さないところがあります。

よく「個性的」といわれますが、人に合わせようと思っていないところが、その印象を強くさせています。

けっして人づき合いが苦手というわけではありません。友人や仲間と、趣味や共通の話題で盛り上がります。

他の人にも、聞かれれば何でも、誰にでも親切に教えてくれます。どのような人にも態度を変えることなく接するのは、水瓶座男子の性分です。

ちょっと怖いと思うような上司や先輩に対しても、物怖《お》じせずに話をすることができます。内心は、先輩にも後輩にも、使う言葉は違っても、向き合う気持ちは変わらないということです。

誰であっても態度が変わらない彼は、自分の思うことをそのまま相手に言ってしまうことがあります。時には、相手が怒り出しても不思議ではないようなシチュエーションを招いて、近くの人をドキドキさせます。

でも、彼は、相手に対して失礼な態度をとっているとは思っていません。自分も相手も、一人の人間であるという前提のもと、正直に接しているにすぎないのです。

一緒に仕事をしていても、誰かがいいと思ったことをしたときは、それを口に出して、その人を褒めます。

よくないと思ったことは、相手が誰であろうが意見することを怯《ひる》みません。そんな彼を頼もしく思う人は多いでしょう。

また、論理的思考の彼は、仕事がスムースに進むよう、合理的な方法を考えるのが得意です。水瓶座が一人チームにいるだけで、とても心強い存在になります。

人間関係においては、ベタベタしたり、イジイジするようなことがなく、「自分のすること」をきっちりと決めて仕事をします。

自分の感情を表に出すことは、あまりありませんが、チームや誰かの役に立てることは、彼にとっては嬉しいことです。

「褒められて伸びるタイプです」という人がいますが、水瓶座は、仲間から認められることで、モチベーションが上がります。彼の才能を、皆のために精一杯、発揮してくれるでしょう。

水瓶座男子が目上（上司、先輩）の場合

いったん話し出すと止まらなくなる

いつも冷静で、けっして感情的になることはない。仕事であれば、淡々と目標に向かい、きちんと成果を残す。それを絵に描いたような人が、水瓶座男子の上司です。

仕事に夢中になっているときは、表情や感情を表に出さず、ただただ目標に向かってまっしぐら、という感じで、近寄りがたい雰囲気があるかもしれません。

何か聞きたいことがあっても、「言えない……」と思ってしまうかもしれませんが、どんなに忙しいときでも、部下や後輩の言うことに耳を傾けてくれます。

困ったことがあれば相談にものってくれるし、それが仕事のことであれば、方針や細部のことまで組み立ててくれたり、丁寧に説明もしてくれます。

でも、いったん話し出すと止まらなくなることがあります。それはそれで自分の勉

強にもなるので面白いのですが、時間がないときにこれをやられると、正直、困ってしまいます。あふれるほどの英知があるからこその弊害《へいがい》、といってもいいかもしれません。

また、後輩や部下に対して、好き嫌いで差別したり、えこひいきしたり、ということはありません。

あくまでも公平に、仕事と結果を評価してくれるのです。感情的になることもなく、怒鳴ったりするようなこともありません。

比較的自由にさせてくれるので、部下のことは、あまり気にしていないのかと思う人もいるかもしれませんが、肝心なところは見ています。

水瓶座の人にとって、自分のない人は評価しません。たとえ自分とは反対の意見でも、自分の考えを持ち、それを意見として言えるかどうかを重視します。

偏った考えや感情で差別することがない、というのは部下にとって、これほど信頼できる上司はいないといっても過言ではありません。

水瓶座男子が年下（部下、後輩）の場合

ポジションや収入にはこだわらないけど、認められたい！


水瓶座男子の部下（後輩）は、何かと頼れる存在です。

頭がいいので仕事を覚えるのも早く、頼んだことは、期待以上の仕上がりで応えてくれます。

時には、思いもよらぬアイデアを提案してきて、びっくりさせられることがあるかもしれません。

「思いもよらぬアイデア」とは、それまでの常識や、「あたりまえ」と思っていたことを覆《くつがえ》すような、新しい発想です。

若い人は、立場が上の人に対して、自分の考えやアイデアを言葉にするのは躊躇《ちゅうちょ》してしまいがちですが、水瓶座男子の部下には、その躊躇がありません。

他の人なら言いにくいことでも、まっすぐに相手にぶつけてしまうことがあります。そんな彼の態度に、直属の上司はハラハラするかもしれませんが、本人にしてみれば他意はなく、ただ「正直に言ってしまった」だけです。

内輪でのことであれば、そんな正直さもそれほどの問題にはなりませんが、相手が取引先などとなれば、大ごとになることもあります。彼のよさを認めつつ、本人にも、会社にも、損なことにならないよう、先輩・上司として気をつけてあげましょう。

水瓶座の部下は、上司に意見することもありますが、逆に、自分が間違ったときには、その指摘を素直に聞きます。

才能に恵まれた水瓶座男子は、仕事もできます。自分なりに取り組み方を考えて、作業を進めていきます。そのため、結果も出やすいのです。

ポジションや収入にこだわることはありませんが、自分の知識の評価として認められることを望みます。自分の仕事ぶりや頭のよさに対して自信を持っているので、結果は結果としてきちんと認めてほしいのです。

逆に、彼が「仕事ができる」と思う人のことは、年齢や地位に関係なく尊敬します。どんなに大変なことも何でもないように振る舞っているので、ストレスがないように思われるかもしれませんが、現代社会でストレスを感じずに生きている人は皆無といってもいいでしょう。水瓶座男子も例外ではありません。

彼の成果を認めたり、彼の感性のよさを言葉に出して褒めることも大切ですが、時には、ゆっくり彼の話を聞いてあげましょう。

彼の才能を理解して認めていることがわかれば、信頼関係が結ばれて、あなたの頼もしい同志になってくれるでしょう。

水瓶座男子が恋人未満の場合

誰にでも優しい彼の「その他大勢」から抜け出す

彼は誰に対しても分け隔《へだ》てなくつき合い、意見の相違などでぶつかることがあっても、それを引きずったり、他の人に八つ当たりするようなことがありません。

それこそが水瓶座男子の公平なところです。

また、彼の頭のよさ、趣味の広さに惹かれる、という人も多いでしょう。

つまり、ライバルはけっして少なくありません。

「彼も、私のことを悪くは思っていないはず」

とあなたは思っているかもしれませんが、そう思っている女子も、同じように、多いでしょう。

水瓶座男子は、博愛的で、誰に対しても同じような愛情を持って接します。

それは、愛情というより、友情というほうが正しいのですが、受けとる側としては混同してしまうことがあります。

いまのままでは、その他大勢から抜け出すことは難しいかもしれません。

では、どうしたら、彼との距離を縮めることができるでしょうか。

まずは、彼と同じ趣味を持つなど、彼が関心のあることを一緒にしてみることから始めましょう。

最初から「一緒に」、それを始めることはできないかもしれません。

ただし水瓶座男子は、束縛を嫌います。一緒に、ということにこだわると、うまくいくものもいかなくなる、ということがあります。

「たまたま好きなことが同じだった」ということから、つかず離れずの関係をつくっていきましょう。同じ趣味の人には、彼の心は開きやすくなります。

そこから信頼関係を深めていくことで、知らずしらずのうちに、彼の「特別な存在」になっていきます。

水瓶座男子が苦手（嫌い）な場合

無理に好きになる必要はない、でも理解してみる

あなたは水瓶座男子のどこが苦手ですか？

批判的な物言いをするところですか？

冷たいところ？

何を考えているかわからないところですか？

その全部でしょうか？

こうしたところは、水瓶座男子の性分なので仕方がないのです。

この星座の男子は、唯我独尊《ゆいがどくそん》でありながら、公平で、博愛であることを追求したいと思っています。

水瓶座の独創性は、頭のよさと豊富な知恵から生み出され、それは無限の可能性を

持っているということなのです。

また思ったことや正しいと判断したことを正直に口に出してしまいます。口にできるということは、それだけ頭のなかに知恵があり、それをすばやく言語化できる能力があるということです。

博愛主義の水瓶座は、その価値観で、どんなことも分け隔てなく平等に扱います。だから、自分の意見や考えも遠慮なく発言します。それは一方的なものではなく、相手からの意見を待っているところもあるのです。

けれども、結果としては、彼はロジカルに論破しまうことが多いため、周囲の人から批判的に見られてしまうことも少なくありません。

彼にしてみれば、自分の発想や知識が誰かの役に立てればよいと考えてのことで、自分の力を誇示《こじ》しているわけでも、ましてや相手に恥をかかせようとしているわけでもないのです。

水瓶座男子は、感情に振りまわされたり、束縛されたりするのも苦手です。

何事も自由に、そして論理的に考えたい、というのが水瓶座男子の基本です。彼のことを「冷たい」「あっさりしすぎている」という人もいます。それが高じて、「何を考えているかわからない」と思われてしまうこともあります。

水瓶座は、人に対しては変わらぬ愛情を持っていたいと考えます。それはベタベタしたつき合いではなく、お互いの個性を尊重し、認め合う対等な関係を求めてのことです。その姿勢は、家族であっても初対面の人であっても変わりません。

どうしても合わないという人はいるでしょう。

それがたまたま水瓶座だったということがありますが、彼に無理に合わせる必要はありません。

ただ、彼の本質を少しでも理解し、見方を変えてみると、その才能の豊かさゆえに育てがいがある人ともいえます。大きな気持ちをもって彼を優しい目で見てあげてはどうでしょうか。

7

Maintenance

水瓶座男子の強みと弱点

水瓶座男子の強み

変化を受け入れられる知恵と、しなやかな感覚

水瓶座男子の独創性は、他のどの星座もかないません。

もともと天王星という「改革」や「変化」という星を、守護星に持っている水瓶座です。新しいものへの挑戦や変化を受け入れるという才能があるのです。

「新しいものをつくりあげる」には、一歩先を見る目が必要です。

「変化を受け入れる」には、しなやかな感覚がないとできません。

水瓶座は、その両方を持っています。

水瓶座が「個性的」と言われるのは、他の人たちは違う感性があるからです。

その感性は、誰にもすぐには理解できるものではないかもしれません。

偉大な発明も、最初は周囲には理解されなかったという逸話《いつわ》がいくつも残されてい

ます。

水瓶座の適職には「発明家」も挙げていますが、発明家ほど、水瓶座の才能を活かした職業はないといってもいいほどです。そして、発明家の視点は、さまざまなビジネスの場面で活かされます。

また、水瓶座の持つ知恵と才能は、多くの人に分け与える愛として使われます。通常「愛」は、優しさや慈しみといった感情的なものを考えがちです。けれども、水瓶座のそれは、知恵と頭脳を使って、多くの人に届けられるものです。

「このプロジェクトを進めることで、将来の子どもたちの未来が変わる」

そんな壮大な目標が、水瓶座のモチベーションを上げます。

彼は、自由な考え方や感じ方を楽しんで生きています。

彼の前では、誰もが対等で自由なのです。それが彼の考え方、生き方の基本であり、それを許す知識と感性が、水瓶座男子の一番の強みといってもいいでしょう。

水瓶座男子の弱点

孤独と束縛が耐えられない

水瓶座男子は頭のなかで、いつもアイデアをめぐらせています。

それは、時に哲学的であったり、仕事などの現実的なことであったりします。

いずれにしても、システマティック（体系的、計画的）に考えていきます。

その才能で人の役に立ち、その人たちに認められることが、大好きで、うれしいことなのです。

ところが、せっかくのアイデアを、否定されたり、拒絶されたりすると、とてもがっかりしてしまいます。

水瓶座が発想豊かなところは誰もが認めることでも、それが時に、独創性を通り越して、独りよがりになってしまうことがあります。

結果、そのアイデアは、水瓶座男子が期待するほどには歓迎されない、ということが起こるわけです。

ある程度は、本人自身も、「自分は少し変わっているかもしれない」「よく個性的だといわれる」ということは認識しています。

けれども、だからといって拒絶されたりするのは、とても寂しいことなのです。

また、拒絶されてしまうような場合は、どうしてもこれまでの常識や慣習にしばられているから、ということもあります。

「〇〇しなければならない」ということが出てきてしまうわけですが、それが、自分の自由な心や考えを押さえつけられたように水瓶座男子は感じてしまうのです。

自分のアイデアが通らない、意見を聞いてもらえない、ということは、私たちの日常では、あたりまえにあることです。それを一々苦痛に感じていたら、身が持たない。

そんなふうに思う人は少なくないと思いますが、水瓶座には、それが苦痛になるのです。

自分が孤独だと思ったり、窮屈な状態だと感じたりすると、それがストレスとなって、からだにも影響を及ぼします。

なかでも循環器系は、血液やリンパという体内をめぐる液体のメインシステムとなります。水瓶座が気をつけたいのは、この循環器系の病気です。

水瓶座は表情をあまり出しませんが、自分のストレスや不調という弱い部分も、人に見せることはありません。表面上はあくまで、いつもと変わらず、何事もなかったように振る舞えるのが水瓶座男子です。

彼のストレスを、そばにいるあなたが見抜いてあげましょう。そしてあなたが、誰よりも彼の理解者であるということを彼に伝えてあげてください。それだけでも、彼のストレスは軽減されていきます。

8

Option

水瓶座男子と幸せになる秘訣

水瓶座男子を愛するあなたへ

彼の愛が信じられないとき

水瓶座は誰にも臆《おく》することなく、接することができます。フレンドリーすぎるところもあり、時間を忘れて話をしていることもあります。

そんな彼を見て、あなたはときどき不安になるかもしれません。

「私以外の人にも優しい」

「ひょっとしたら私は彼のその他大勢の一人かもしれない」

特別な関係になっても、そう思っているのは自分だけではないかと考えてしまうのです。

でも、そんなことはないでしょう。彼には、愛するあなたのことがちゃんと見えています。他の誰よりも、あなたを大切にしたいと思っているのです。

きっと人前では、そんな素振りは見せないかもしれません。

でも二人になったときの優しさ、愛情を伝えてくれる彼の気持ちにウソはありません。

彼は女性にも人気がありますが、目の前の人を裏切ることはしません。二人だけの特別な時間を一緒に過ごすのは、「誰でもいい」というわけにはいかないのです。

相手との距離が近くなればなるほど、自分の気持ちや、好きだという思いを伝えてくれないようになるかもしれません。

それよりも、彼の興味あることや楽しいと思っていることをひたすら話しているかもしれません。それは、自分のことを理解してくれるのは、あなただけだと思っているからです。

そんな彼と長くつき合っていくには、彼の話を聞いたり、理解してあげたりするだけでは十分ではありません。あなた自身も彼に、自分の考えや気持ちをはっきりと彼に伝えるようにしましょう。

お互いが対等であることで、彼は安心できるのです。

水瓶座男子は、一人ひとりのパーソナリティを大切に考えます。

大切なあなたのパーソナリティーであれば、尚のこと、守っていきたいと思っています。

けれども、彼の目は、あなただけでなく、もっと広い世界を見ています。

時代の一歩先を読んで、新しい世界を構築し、そのなかで、多くの人が幸せになるように、自分の知恵と才能を発揮したいと考えているのです。

独りよがりなところもありますが、彼は大真面目です。

そんな彼の、いちばん身近な理解者として、あなたがそばにいるからこそ、彼は、その使命を生きられるのです。

水瓶座男子と一緒に幸せになる

彼のすべてを受け入れるということ

水瓶座男子をパートナーに持つ女性の幸せは、

「女性が○○してはいけない」

「いい年をして何を考えているんだ」

というようなことを、けっして言われないことです。

いまは昔に比べれば、とても自由な時代になりました。その気になれば、なんでもできるのが、いまの時代です。けれども現実には、「女性であること」で規制されることは、まだまだ少なくありません。

結婚したら、子どもができたら、「してはいけないこと」もしくは「できなくなること」が増えていくのが、現実の生活でしょう。

たとえば、旅行。家族を置いて一人で旅行に行くには、夫の理解と協力が必要です。もちろん、それは女性にかぎったことではありませんが、実際、夫の理解と協力を得られないという人は多いでしょう。

けれども、水瓶座男子は、自分の妻を束縛するようなことはしません。それが正しいと思えば、喜んで妻を送り出してくれるでしょう。

人は誰もが自由であるべきだと、考えるからです。

ただし、「妻も自由なら、自分も自由」というのが、油断のならないところです。

水瓶座は、浮気な性格ではありませんが、既成概念にとらわれていないため、知らずしらずのうちに、「二股」になってしまったということがあります。

フレンドリーな水瓶座男子は、誰とでも仲良くなれてしまうのです。そして、無意識にではありますが、相手をその気にさせてしまうのです。

博愛の精神は、水瓶座の一つの才能です。

人として見た場合は、その才能は素晴らしいことですが、妻の立場からすれば、それを認めるわけにはいかないかもしれません。

ところで、どんな人の価値観も認める水瓶座男子ですが、だからといって、その価値観を受け入れるわけではありません。

「そういう考え方もあるよね」とは言うものの、その考え方に自分が同意することはありません。水瓶座は、自分の考えに固執して、それを変えることはありません。

また、自分が受け入れがたいものには、強く反発して、短気を起こすこともあります。普段の彼からは想像できないかもしれませんが、短気は損気で、それまでの信頼を一瞬で失ってしまうことがあります。

彼と一緒の人生を歩むなら、そんなことにならないように、彼を支えることが必要です。

水瓶座男子にかぎらず、その人のことを知れば知るほど、欠点が目について、「やっぱりやめておこう」「こんな人とはつき合えない」と思うようになるかもしれません。でも、欠点はお互い様です。そして、欠点は長所の裏返しです。

そのことを理解して、努力することに、私たちの生きる目的があります。

水瓶座男子と幸せになるには、彼を理解することです。

個性的な彼も、心の自由を求める彼も、受け入れてあげることです。

あなたが無理をする必要はありません。

あなたはあなたのままで、つき合っていけばいいのです。

彼が戸惑うこともあるかもしれませんが、彼なりに、あなたを理解しようとしてくれているのであれば、そのことを認めてあげてください。

お互いに認め合うことができれば、一人と一人の人間同士、愛し、愛される関係を築いていけるのではないでしょうか。

おわりに
相手を理解して運命を好転させる

人は夜空に輝く星を、はるか昔から眺めながら生活してきました。

それはただ美しいと感じるだけではなく、あるときは生きるために、あるときは王様や国の運命を見るために、星の動きや位置を見ていたのです。

昔の人は、月が欠けて見えなくなると大騒ぎでした。夜が真っ暗になるのは不安だったのです。反対に満月になると大喜びしたものです。

その月や星の動きや位置を、たくさんの人が関わりながら研究し、長い長い時間を経て、現代の私たちに伝えてきたのです。

さて、本書では、水瓶座男子のいいところも悪いところも書いてきました。

性格にはいいも悪いもなく、長所と短所は背中合わせです。長所がいきすぎれば短所になり、短所と思っていたところが長所になることがあります。

水瓶座は1月21日から2月18日（その年によって多少ズレがあります）のあいだに生まれた人です。西洋占星学では、一年は牡羊座から始まり、最後の魚座まで12の星座に分類しています。それぞれに長所があり、短所があります。

12星座で「いちばん才能に恵まれる」水瓶座男子は、あなたの星座によっては、時に理解しがたい存在かもしれません。

自分の常識では、

「どうして、そんなふうに言うの？」

「どうして、そんな態度をとるの？」

と思うこともあるでしょう。

けれども、「水瓶座」の価値観や行動パターンを知れば、許せるかどうかはともかく、理解することはできるでしょう。

彼を理解することで、自分への理解を深めることもできます。

彼に対しての「許せないこと」は、あなたにとっての大切なことです。

それがわかれば、あなたのことを彼に理解してもらえるかもしれません。

水瓶座は博愛で、精神の自由を重んじる星座です。あなたのことを理解したなら、それまで以上に、あなたにとって強い味方となります。

ところで、早稲田運命学研究会は、２００９年2月25日（新月）、一粒万倍日《いちりゅうまんばいび》に発足しました。

「一粒万倍日」とは、「大安」と同じように縁起のいい日のことで、「一粒《ひとつぶ》の籾《もみ》が万倍にも実る稲穂になる」という意味です。結婚や開業、なにか新しいことをスタートするときには、この日を選ぶと繁栄します。反対に、この日に借金などをすると、借金が大きくなってしまうので避けなければなりません。

それはともかく、早稲田運命学研究会は、運命を読み解いていくことを目的として、私が主宰しているものです。

「運命」を読み解くには、その前に、そもそも「運命」とは何であるかを押さえておかなければなりません。言い換えれば、その人の「運命を決めるもの」とは何か、ということです。

これは、「占術」のジャンルで見ていけば、わかりやすいかもしれません。

つまり、姓名判断の人から見れば、「運命は名前によって決まる」というでしょうし、占星学でいえば、「生まれた星の位置で決まる」ということになります。

そう考えると、「運命を決めるもの」は、占い師の数だけあるといってもいいでしょう。それらのどれが正しい、正しくないということはありません。むしろ、そのすべてに一理ある、と私は思っています。

しかし、時に運と運命を一緒くたにしている人がいます。あるいは受けとる側が一緒くたにしてしまうことがある、ということもあります。

運命とは何かというときに、それは「運」とはまったく違うものだということを、しっかり憶えておきましょう。

「運」というのは、簡単に言えば、「拾えるもの」です。

「運命」は、「運」のように、たまたま拾ったりするものではありません。

「命を運ぶこと」が、「運命」です。自分の命をどう運ぶか、ということ。そこに「たまたま」という偶然はありません。

それだけに非常に厳しいものだ、と考えなければならないものです。

あることがきっかけで運命が変わった、という人は多いでしょう。

たとえば、結婚をして運命が変わったとか、そこの会社に就職して運命が変わった、というようなことがあるでしょう。

結局は「そうなる運命」だったということもできますが、もしも「変わった」とすれば、それは、その人自身が、あるところで「自分の命の運び方」を変えたことによって起きたのです。

この「運命を変える」ことは、簡単ではありません。

ある日誰かがひょいと自分を持ち上げて、「うまくいかない運命の道」から「うまくいく運命の道」に置き換えてくれたら楽ですが、そんな「奇跡」は起こりません。

しかし、あなた自身が、自分の「命の運び方」を変えさえすれば、あなたの運命はあなたの望むように変えることができるのです。


私はもともと運命論者で、文芸誌の編集者時代に、芥川賞作家にして、手相学・人相学の天才ともいわれた五味康祐に人相学・手相学をはじめとする「運命学」を直接学び、以来、独自に研究を重ねながら、運命に関する著作も多く執筆してきました。

当会顧問のアストロロジャー、來夢先生は、そんな私のことを「運命実践家」と呼びます。『12星座で「いちばんプライドが高い」牡羊座男子の取扱説明書』から始まり、「牡牛座」「双子座」「蟹座」「獅子座」「乙女座」「天秤座」「蠍座」「射手座」「山羊座」に続いて、本書でも共に監修していただけたことに感謝申し上げます。

運命の本質を知ることは自分を知ることであり、人生を拓く大切な一歩になります。

本書『12星座で「いちばん才能に恵まれる」水瓶座男子の取扱説明書』を手にとってくださったあなたは、いま現在、水瓶座の男子とつき合っているのかもしれません。

これからつき合おうと思って読んでみたという人もいるでしょう。あるいは職場や仕事上で、水瓶座の男性と関わりがあるという人も多いはずです。

すべての人を等しく愛することができる、水瓶座男性とつき合っていくときに、ぜひ本書を脇に置いて、ことあるごとにページをめくっていただけたら幸いです。

早稲田運命学研究会主宰
櫻井秀勲

●監修者プロフィール

來夢（らいむ）

アストロロジャー＆スピリチュアリスト。星活学協会会長。経営アストロロジー協会会長。早稲田運命学研究会顧問。マイナスエネルギーをいかにプラスに変えるかという実用的な視点から占星学を活用。OL、主婦からビジネスマン、成功経営者まで、秘密の指南役として絶大な支持を得ている。著書に『月のリズム　ポケット版』『「あたりまえ」を「感謝」に変えれば「幸せの扉」が開かれる』（きずな出版）、『「運」の正体』（ワック）、『らせんの法則で人生を成功に導く　春夏秋冬理論』『運活力』（実業之日本社）、共著に『誕生日大事典』（三笠書房）他多数。
シーズンズＨＰ　http://www.seasons-net.jp/

櫻井秀勲（さくらい・ひでのり）

早稲田運命学研究会主宰。１９３１年、東京生まれ。東京外国語大学ロシア語学科卒業。文芸誌の編集者から31歳で「女性自身」の編集長に。当時、毎週１００万部の発行部数を維持し出版界では伝説的存在。文芸誌の編集者時代に、芥川賞作家にして、手相学・人相学の天才ともいわれた五味康祐に師事。人相学・手相学をはじめとする「運命学」を直伝。以来、独自に研究を重ねながら、占い・運命学を活用。著作は『運のいい人、悪い人』（共著、きずな出版）、『運命は35歳で決まる！』（三笠書房）、『日本で一番わかりやすい運命の本』（ＰＨＰ研究所）など２００冊を超える。
早稲田運命学研究会　公式ＨＰ　http://w-unmei.com/

12星座で「いちばん才能に恵まれる」
水瓶座男子の取扱説明書
2018年3月20日　初版第1刷発行

監修　來夢、櫻井秀勲
著者　早稲田運命学研究会

発行者　岡村季子
発行所　きずな出版
東京都新宿区白銀町1-13　〒162-0816
電話　03-3260-0391
振替　00160-2-633551
http://www.kizuna-pub.jp/

ブックデザイン　福田和雄（FUKUDA DESIGN）
編集協力　ウーマンウエーブ
印刷・製本　モリモト印刷

ISBN978-4-86663-029-8

きずな出版

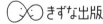